U0806918

初中物理项目化学习中创新素养培育研究

周 磊 著

山东大学出版社
SHANDONG UNIVERSITY PRESS
·济南·

图书在版编目(CIP)数据

初中物理项目化学习中创新素养培育研究/周磊著
.—济南:山东大学出版社,2023.12
ISBN 978-7-5607-8001-6

Ⅰ.①初… Ⅱ.①周… Ⅲ.①中学物理课—教学研究
—初中 Ⅳ.①G633.72

中国国家版本馆 CIP 数据核字(2023)第 216893 号

策划编辑 祝清亮
责任编辑 祝清亮
封面设计 王秋忆

初中物理项目化学习中创新素养培育研究
CHUZHONG WULI XIANGMUHUA XUEXIZHONG CHUANGXIN SUYANG PEIYU YANJIU

出版发行 山东大学出版社
社　　址 山东省济南市山大南路 20 号
邮政编码 250100
发行热线 (0531)88363008
经　　销 新华书店
印　　刷 济南巨丰印刷有限公司
规　　格 720 毫米×1000 毫米 1/16
　　　　 11.25 印张 160 千字
版　　次 2023 年 12 月第 1 版
印　　次 2023 年 12 月第 1 次印刷
定　　价 50.00 元

版权所有 侵权必究

前 言

当前，世界面临百年未有之大变局，新一轮科技革命和产业革命正在孕育兴起。国际竞争的实质是科技竞争，科技创新已成为国家竞争力的核心因素。科技创新的关键在人才，基础在教育，人才是第一资源，创新是第一动力。加强创新人才培养，尤其是拔尖创新人才的培养是世界各国教育变革的共同追求与核心目标，也是我国提升国际竞争力、建设创新型国家的内在要求和共同战略选择。

2021 年 12 月，山东省教育厅印发了《关于加强新时代学生创新素养培育体系建设的意见》（以下简称《意见》），指出学生创新素养培育是一项系统工程，必须立足不同类型、不同学段教育的特点，整体谋划、分类设计、一体推进。该《意见》是山东省基于“大中小幼一体化”的系统站位，于全国率先出台的关于学生创新素养培育的专门文件，着眼于全面推进全体学生的创新素养培育。

在培育学生的创新素养时，需要认识到传统的教育方法已经不再适用，不能再仅仅简单地向学生传授外界知识，而是应该帮助学生主动发现问题并自主解决问题，引导他们认知自我、探索自然、理解社会。项目化学习是体现创新素养本质的方式之一，旨在培养学生的批判能力、分析能力、合作能力、沟通能力以及创造性解决问题的能力。在项目化学习的过程中,学生从传递和继承知识转变为体验和发现知识,从记忆知识转变为运用知识来发展创新思维与创新品质。

为加快培育具有创新素养的人才,推动山东教育高质量发展,根据《意见》文件精神,2022 年 3 月山东省教育科学研究院下发了《关于组织申报山东省教育科学规划创新素养专项课题的通知》,本书正是在此背景下立项的创新素养专项重点课题"初中物理项目化学习中创新素养培育研究"的重要研究成果。

初中物理项目化学习中创新素养培育研究结合了理论研究与实践研究,是在对当前创新素养培育的时代背景、相关领域的研究现状以及目前创新素养培育中存在的诸多问题进行分析的基础上,通过开展理论体系研究、目标体系研究、内容体系研究、评价体系研究和实践体系研究构建的初中物理项目化学习中创新素养培育的综合研究体系。

该研究借助项目化学习的方式,将创新素养的内涵要素与初中物理学科的核心素养从多个维度有效且紧密地结合起来,从而有目的地承载创新素养各个要素的培养,实现创新素养内涵要素在物理学科教学中的融合,建构一条可操作、可评价、可供义务教育阶段教师在教学中参考使用的实践路径。

由于时间仓促以及作者水平有限,书中难免有疏漏之处,敬请读者批评指正。

周　磊

2023 年 12 月

目　录

第一章　初中物理项目化学习中创新素养培育的背景研究

一、核心概念概述

(一)项目化学习

项目化学习(project-based learning,PBL),也称项目式学习、基于项目的学习等,是以真实的、富有挑战性的探究性问题为出发点,在教师的引导与指导下,在学科教学与实践活动中,以学生为主体开展持续性的探究,尝试创造性地解决问题,形成项目成果(唐立宁,2022)。

项目化学习是以建构主义理论为指导,强调学生在真实问题情境中探究学习,从而提升学生多元能力的教学模式(张文兰等,2016)。项目化学习是教师将学生的学习任务项目化,指导学生基于真实情境而提出问题,并利用相关知识与信息资料开展研究、设计和实践操作,最终解决问题并展示和分享项目成果的教学模式(杨明全,2021)。

项目化学习是在对传统的机械操练式教学的批判中产生的,是相对无结构的教学、无明确任务或问题驱动的教学、没有体现学习和探究过程的教学等的教学模式。巴克研究所(Buck Institute，BIE)对项目化学习进行了界定:学生在一段时间内通过研究并应对一个真实的、有吸引力的、复杂的课题或挑战掌握相关的知识和技能。项目化学习的重点是明确学生的学习目标,包括基于一定标准的内容,以及批判性思维、问题解决能力、合作和自我管理能力等技能(夏雪梅,2020)。

(二)创新素养

创新素养是学生在日常活动中,在解决问题、适应挑战等方面形成的实践能力、创新意识和行为表现(核心素养研究课题组,2016)。创新素养是个体创新精神和创新能力的养成以及品质养成,是个体实现自我终生发展、体现自我存在价值所必需的品格和能力(刘燕飞,2022)。创新素养是个体在提出和解决问题时所表现出来的创新精神和创新能力,是创新思维、创新人格和创新实践能力的综合体现(陈国华,2022)。一个具有创新素养的个体,能够利用相关信息和资源,产生新颖且有价值的观点、方案、产品等成果(甘秋玲等,2020)。

(三)创新素养培育

创新素养培育是指培养个体在创新活动中所需的知识、技能、态度和价值观。创新素养培育的目标是使学生在面对当下与未来多样化的、复杂的、不确定的情境时,创造性地运用所学知识、观念与方法,发挥主动解决问题的关键能力,从而实现全社会创新文化与创新实力的综合提升(唐立宁,2022)。

创新素养培育要着力于创新人格的形成、创新思维的发展、创新实践的开展。创新人格是创新的动力系统,包括创新意识、创新情感与态度、创新动机与意志，以及创新信念、使命和价值取向等；创新思维是创新的智慧系统，包括发散性思维、聚合性思维、逆向思维、直觉思维、辩证性思维、批判性思维等；创新实践是将创新的想法付诸实施的过程，体现的是创新能力和知行合一精神。初中阶段以培养学生的创新思维习惯为主，加强创新技能训练，初步培养创新实践能力。

二、创新素养培育的背景

随着全球化和科技进步的加速，创新已成为各国追求经济增长和社会发展的重要驱动力。在这样的背景下，国际社会越来越重视培育创新素养，以提高人们的创新能力和竞争力。

(一)创新素养培育的国际背景

在过去的几十年里，全球范围内的经济和社会环境发生了巨大变化。信息技术的迅猛发展、全球化的推进、市场竞争的加剧以及可持续发展的迫切需求，都对个体和组织的创新能力提出了更高的要求，创新已经成为国家和企业竞争的核心要素之一。在这种全球范围内的变化和需求下，国际社会开始关注和重视创新素养的培育。

联合国教科文组织（UNESCO）是推动全球教育发展的重要国际机构之一。UNESCO 在《2030 年教育可持续发展议程》中明确提出，培养学生的创新能力和创造力是教育的重要目标之一。该议程强调，创新素养的培育不仅是为了满足经济发展的需求，也是为了培养具有全球视野和全球挑战能力的公民。

另一个重要的国际组织是经济合作与发展组织（OECD），其通过“创新政策平台”和“创新政策观察”等倡议，致力于促进各国创新能力的提升。OECD强调，创新能力的培育需要综合考虑教育、研究和产业等方面的因素，并提出了一系列政策建议和指标，以评估和比较各国的创新水平和创新环境(OECD，2018)。

此外，一些国家和地区也积极推动创新素养的培育。例如，欧洲委员会在《欧洲基础教育参考框架》中明确提出，欧洲需要通过提高人们的创新能力和创造力来实现可持续增长(European Commission，2015)。欧洲委员会通过一系列倡议和项目，支持成员国在教育体系中建立创新素养培育组织，如"欧洲创新联盟"和"欧洲职业教育和培训创新中心"等。

同样，美国也将创新素养培育作为重要议题。美国政府积极推动STEM(科学、技术、工程和数学)教育的发展，并通过各类项目和资助计划，鼓励学生培养创新思维和解决问题的能力。此外，美国一些知名高校和研究机构也设立了创新中心和创业孵化器，为学生提供创新创业的支持和资源。

除了国际机构和国家层面的努力，一些国际间的合作项目也致力于推动创新素养的培育。例如，国际创新联盟(International Alliance for Innovation)由多个国家和地区的高校和研究机构组成，旨在促进创新教育和创新研究的交流与合作(Trilling et al.，2009)。

创新素养培育的国际背景反映了全球范围内对创新能力的认可和需求。各国和国际机构纷纷意识到，创新不仅是推动经济增长和提升竞争力的关键因素，也是应对全球挑战和实现可持续发展的必要条件。因此，培育创新素养已经成为教育和人才培养的重要目标之一。各国和国际机构通过政策倡议、项目合作，致力于培育创新素养，以应对全球挑战和促进可持续发展。

然而，目前创新素养培育仍面临一些挑战，包括教育体系的改革、评估与认证，社会文化因素的考量以及持续的外界支持和投入等。但通过共同努力，国际社会不断推动创新素养培育在全球范围内得到更好的发展和实施，培育具备创新素养的个体，使其能够应对未来的挑战和变革，为社会的可持续发展做出积极贡献。此外，创新素养的培育也将促进各国之间的合作与交流，构建更加开放和包容的国际教育体系。

(二)创新素养培育的中国背景

2009 年世界教育进展国际评估组织针对全球 21 个国家和地区的调查数据显示，我国学生的计算能力排名第一，但是创造力为倒数第五(吴雪玲等，2012)。2019 年 12 月 OECD 发布的 2018 年国际学生评估项目(PISA 2018)测试结果显示，我国学生的阅读、数学、科学三项素养在全球 79 个国家和地区中位居第一，但与西方高学业水平的国家相比，我国学生的学习效率不高，合作式解决问题的能力一般，在创造性思维能力方面仍然受到质疑(耿超等，2020)。因此，培养与提升学生的创新素养，是新时代我国发展素质教育和培养全面发展人才的迫切需要，更是实现国家人才战略的根本举措(黄四林等，2021)。

习近平总书记强调："创新是一个民族进步的灵魂，是一个国家兴旺发达的不竭动力，也是中华民族最深沉的民族禀赋。在激烈的国际竞争中，惟创新者进，惟创新者强，惟创新者胜。"中共中央、国务院于 2016 年 5 月印发的《国家创新驱动发展战略纲要》指出，要让创新成为引领发展的第一动力；要推动教育创新，改革人才培养模式，把科学精神、创新思维、创造能力和社会责任感的培养贯穿教育全过程。营造崇尚创新的文化环境，在全社会形成鼓励创造、追求卓越的创新文化，推动创新成为民族精神的重要内涵。党的二十大报告指出，教育、科技、人才是全面建设社会主义现代化国家的基础性、战略性支撑。必须坚持科技是第一生产力、人才是第一资源、创新是第一动力，深入实施科教兴国战略、人才强国战略、创新驱动发展战略，开辟发展新领域新赛道，不断塑造发展新动能新优势。我们要坚持教育优先发展、科技自立自强、人才引领驱动，加快建设教育强国、科技强国、人才强国，坚持为党育人、为国育才，全面提高人才自主培养质量，着力造就拔尖创新人才，聚天下英才而用之。

创新无论是对人类个体与整个社会的演进和发展，还是对国家之间的竞争和国家存续都至关重要。进入21世纪后，知识经济逐渐占据主导地位。新知识、新技术、新工艺和新的价值观念将替代传统的资源、能源和资本，成为经济发展的推动力。标志一个国家国际竞争力的将是其创造力，而一个国家整体创造力的大小取决于人才的创新素养（林崇德，2018）。

2016年，核心素养研究课题组公布了中国学生发展核心素养总体框架。框架以科学性、时代性和民族性为基本原则，以培养“全面发展的人”为核心，充分反映新时期经济社会发展对人才培养的新要求，高度重视中华优秀传统文化的传承与发展，系统落实社会主义核心价值观。核心素养分为文化基础、自主发展、社会参与三个方面，综合表现为人文底蕴、科学精神、学会学习、健康生活、责任担当、实践创新六大素养，具体细化为国家认同等十八个基本要点。各素养之间相互联系、相互补充、相互促进，在不同情境中整体发挥作用。实践创新作为框架的重要组成部分，主要强调学生在日常活动、问题解决、适应挑战等方面所形成的实践能力、创新意识和行为表现（核心素养研究课题组，2016）。

2017年，北京师范大学中国教育创新研究院与美国21世纪学习联盟（P21）开展合作，在P21提出的21世纪核心素养4C模型［审辩思维（critical thinking）、创新素养（creativity）、沟通素养（communication）、合作素养（collaboration）］的基础上，新增文化理解与传承素养（cultural competence），构成5C模型，即文化理解与传承素养、审辩思维、创新素养、沟通素养、合作素养。创新素养是5C模型的重要维度，包括创新人格、创新思维和创新实践三个要素，强调突破边界、打破常规（甘秋玲等，2020）。

由此可见，加强学生创新素养培育，不仅是教育系统贯彻落实党和国家创新驱动发展战略的重要举措，也是培养国家发展后备人才的必然要求。如何通过教育促进学生创新素养的获得与发展，是摆在各级各类学校面前的一项重大而意义深远的任务。

三、相关研究的现状

本部分将从三个方面梳理相关研究，即关于创新素养的研究、关于创新素养培育的研究和关于项目化学习的研究。通过系统梳理这三个方面的研究，可为学生创新素养的培育提供科学依据和有效策略。

（一）关于创新素养的研究

在与创新素养相关的研究中，创造力与创新是两个关键概念。一般来说，创造力与创新不同，后者强调的是实施。如阿马比尔（Amabile）和普拉特（Pratt）将创造力定义为新颖且有用的想法的产生，将创新定义为创意想法的实施（Amabile et al., 2006）。而OECD和欧盟统计局则指出："创新不仅是一个新想法或一项新发明，创新还需要实施，需要投入使用。"即创造力是产生新颖而有价值的想法的能力，创新则是将这些想法付诸实施的过程（OECD, 2018）。有研究者认为，创造力主要涉及个体内部的认知过程，而创新主要代表个体在工作场所的社会化过程（Rank et al.,2004）。还有研究者认为，创造力和创新有许多相同和相似之处，不需要进行明确区分（林崇德等，2009）。本书认同创造力和创新的区分，但仍将两者看作是同义词。

1.创造力的定义

在心理学领域,创新、创造力、创造性被看作是同义词。关于创新、创造力或创造性,国际上有三种定义:第一种定义认为创新、创造性、创造力是一个过程;第二种定义认为创新或创造力是一种产品;第三种定义认为创新或创造性是一种个人的行为。

在对创造力的科学研究总结中,芒福德(Mumford, 2003)提出:在过去的十年中,我们似乎达成了一个共识,即创造力涉及新颖、有用的产品的生产。或者用斯滕伯格(Sternberg, 2011)的话来说,创造力就是"原创且有价值的东西"的制作。据默斯伯格(Meusburger, 2009)估计,在文献中可以找到一百多种关于创造力的定义,尽管学者们在精确定义上的分歧很大,但通常强调解决方案的原创性和(或)所创建对象的适当性,以及它们的产生过程。

托兰斯(Torrance)在评估个人的创造力时,将其描述为"对问题、缺陷、知识差距、缺失要素、不和谐等变得敏感,识别困难,寻找解决方案,作出猜测或制定方案的过程"。高兹(Götz, 1981)根据创造力的词源,认为其必然是"制造",他将创造力限制在创造行为中,认为创造力不是思考或最终产品。虽然创造力的许多定义似乎与原创性的定义相同,但高兹也强调了创造力和原创性之间的区别。高兹断言,一个人可以有创造力,但其作品不一定是原创的。当某人创造一些东西时,他在创造的时候,其作品肯定是有创造力的,但如果同类作品已经在社会上出现,即他的作品不是新的东西,他的作品可能就不是原创的。

林崇德教授认为,创造性是根据一定目的,运用一切已知信息,生产出某种新颖、独特、有社会意义或个人价值的产品的智力品质。创新是人的一种智慧,但智力是创造性的必要条件,却不是充分条件。

2.创造力的历史

英语单词“creative”源自拉丁语“creare”，意为“创造、制造”。“创造”一词早在14世纪就出现在英语中，表示“神圣的创造”。然而，它作为人类创造行为的现代意义直到启蒙运动之后才出现(Runco et al., 2010)。大多数古代文化中，包括古希腊、古中国和古印度的文化，都缺乏创造力的概念，将艺术视为一种发现而不是创造。古希腊没有与“创造”或“创造者”相对应的术语，虽然有“ poiein ”(制造)这一表达，但该表达仅适用于诗歌和诗人。古希腊哲学家柏拉图不相信艺术是一种创造，他在《理想国》中写道：“我们会说，一个画家，他创造了一些东西吗？”“当然不会，他只是模仿。”(Wladyslaw, 1980)

在文艺复兴时期，人们首次看到创造力，它不是神圣的渠道，而是来自“伟人”的能力。现代创造力概念的发展始于文艺复兴时期，当时创造力开始被认为是一种源自个人的能力。这归因于当时领先的思想体系——人文主义，它发展了一种强烈的以人为中心的世界观，重视个人的智力和成就。从这种哲学中诞生了文艺复兴时期的博学者——一类在不断追求知识和创造中体现人文主义原则的人。其中，最著名和最有成就的人物之一就是列奥纳多·达·芬奇(Leonardo da Vinci)。

创造力从神圣灵感到个人能力的转变是渐进的，直到启蒙运动才明显显现出来(Runco et al., 2010)。到了18世纪，与想象力概念相关的创造力(尤其是美学)被提及得更加频繁，想象力成为人类认知的关键要素。威廉·杜菲(William Duff)是最早将想象力视为天才品质的人之一，其思想将天赋(富有成效，但没有开辟新天地)与天才进行了分离(Dacey, 1999)。

创造力作为一个独立的研究主题，直到19世纪才真正受到关注。伦科(Runco)和艾伯特(Albert)认为，随着达尔文主义的产生，人们对个体差异的兴趣日益浓厚，创造力作为适当的研究主题在19世纪末开始出现。他们特别提到了弗朗西斯·高尔顿(Francis Galton)的著作，他开创了优生学，并因此对智力的遗传性产生了浓厚的兴趣，且将创造力视为天才的一种品质(Runco，2010)。19世纪末20世纪初，赫尔曼·冯·亥姆霍兹(Hermann von Helmholtz)和亨利·庞加莱(Henri Poincaré)等顶尖数学家和科学家开始反思并公开讨论他们的创作过程。

庞加莱和冯·亥姆霍兹的见解是建立在格雷厄姆·沃拉斯(Graham Wallas)和马克斯·韦特海默(Max Wertheimer)等先驱理论家对创作过程的早期描述的基础上的。沃拉斯在1926年出版了著作《创造性思维的艺术》，提出了创作过程的第一个模型。在沃拉斯阶段模型中，创造性的见解和启发可以通过由四个阶段组成的过程来解释(详见下一小节)。沃拉斯认为创造力是进化过程的遗产，它使人类能够快速适应快速变化的环境。西蒙顿(Simonton)在他的著作《天才的起源：达尔文对创造力的观点》中提出了关于创造力的阐述。

1927年，阿尔弗雷德·诺斯·怀特海德(Alfred North Whitehead)在爱丁堡大学举办了吉尔福德讲座，后来出版了《过程与现实》。他被认为创造了“创造力”这个术语(Meyer，2005)。尽管伦敦心理学院早在1927年就进行了创造力的心理测量研究(Hargreaves，1927)，但根据正统的心理学文献来看，通常人们认为创造力的正式心理测量始于1950年吉尔福德(Guilford)在美国心理学会的演讲。吉尔福德提醒人们关注一种长期被忽视却十分重要的人类品质——创造力，由此开启了创造力研究的热潮。

3.创造力的理论

创造力研究涉及许多心理学家的工作，这些心理学家在各自的领域做出了杰出的贡献，为人们理解创造力的心理过程、发展和影响因素提供了指导和参考。他们的研究推动了创造力研究的发展，并为教育、组织和个人发展中的创造力的培养和应用提供了重要的指导。

(1)吉尔福德在创造力领域中的研究主要聚焦于创造力的结构和测量。他提出了“结构模型”的概念，强调创造力是由多个独立的智力因素组成的。他认为创造力包括不同的认知能力和特质，而不仅仅是一种整体性的能力。他提出了创造力的三个主要的维度。

①发散思维：发散思维是指个体能够产生多种可能性和独特的解决方案的能力。吉尔福德将发散思维视为创造力的核心要素，包括生成大量的想法、关联不同的概念和发现新的思维模式等。

②聚合思维：聚合思维是指个体能够分析和评估不同解决方案，选择最佳解决方案的能力。这个维度强调了对创意的筛选和决策过程。

③学科知识：学科知识是指个体在特定领域中掌握的知识和专业技能。吉尔福德认为，学科知识是发挥创造力的基础，它提供了解决问题和创造性思维的材料和背景。

吉尔福德对聚合思维和发散思维进行了区分。聚合思维涉及针对问题寻求单一、正确的解决方案(例如“正方形有多少条边?”)，发散思维涉及对一个可能具有开放性的问题创造性地生成多个答案(例如“如何使用椅子?”)。

发散思维有时在心理学文献中被用作创造力的同义词，或者被认为是产生创造力的必要前提。然而，创造性思维和发散思维之间有明显的区别。创造性思维侧重于将想法组合起来以形成新的和独特的想法，而发散思维则侧重于构思各种不一定是新的或独特的想法的行为。其他研究人员偶尔使用术语“灵活思维”或“流体智力”，它们也大致类似于创造力(但不是同义词)。虽然聚合思维和发散思维在解决问题的方法上存在很大差异，但人们相信，在解决大多数现实世界的问题时，两者都会在一定程度上得到运用(Runco，2023)。

吉尔福德还开发了“吉尔福德创造性智力测验”(Guilford’s test of creative intelligence)，这是一种广泛使用的创造力评估工具，用于衡量个体在各个创造力维度上的表现。

(2)沃拉斯在其著作《创造性思维的艺术》中提出了创造性思维发展的经典理论，被称为“创造性思维四阶段”(four stages of the creative process)。

①准备阶段(preparation)：在这个阶段，个体收集和获取与问题相关的信息，进行深入的学习和调查。沃拉斯认为，准备阶段的关键是对问题进行全面的了解，以建立知识基础。

②孵化阶段(incubation)：在这个阶段，个体暂时放下问题，并让潜意识对问题进行处理和整合。这一过程往往发生在意识休息、放松或从问题中抽离的状态中。

③灵感阶段(illumination)：在这个阶段，个体突然产生解决问题的灵感或洞察力。这是一种突发性的经验。

④验证阶段(verification)：在这个阶段，个体对创意进行评估、推敲和验证。他将灵感想法与现实情境进行比较，并判断其可行性和有效性。这个阶段涉及对创意进行批判性思考和实际实施的考量。

沃拉斯的创造性思维四阶段模型强调了创造力过程中的不同阶段和心理活动的重要性，突出了潜意识对于创造力的作用。这个模型对后来的创造力研究产生了深远的影响，成为许多后续研究和理论的基础。

(3)托兰斯以其对创造力测量和培养的研究而闻名，并开发了著名的“托兰斯创造性思维测验”(Torrance test of creative thinking)。托兰斯的研究聚焦于衡量和评估创造力，以及对创造性思维的培养。他认为创造力是一种可以培养和发展的能力，与个体的智力水平无关。他提出了许多创造力评估工具和测量方法，旨在衡量个体在创造性思维、问题解决和想象力方面的能力。

“托兰斯创造性思维测验”是托兰斯最重要的贡献之一。这一测验采用了多种形式，包括绘画、写作、问题解决等，旨在评估个体在不同创造力维度上的表现，如原创性、独特性、联想能力等。这个测验被广泛用于教育和研究领域，对于发现和培养创造力有着重要的应用价值。

此外，托兰斯还强调了创造力教育的重要性。他提出了一系列的教育策略和活动，旨在激发学生的创造性思维和想象力。他认为创造力应该在教育中得到更多的关注，以培养学生的创新能力和解决问题的能力。

(4)阿马比尔的研究聚焦于理解创造力的心理过程以及影响创造力的因素。她提出了创造力的三个主要组成部分，即领域知识、技能和创造性思维。她认为创造力需要个体具备与特定领域相关的知识和技能基础，并能够运用创造性思维来产生新颖、有价值的想法和解决问题的方案。

阿马比尔还提出了“内在动机理论”(intrinsic motivation theory)对创造力的影响。她认为，创造力最容易发生在个体感知到内在动机的情境中，即面对具有自主性、挑战性和趣味性的任务时。她的研究表明，个体在自主性、正向反馈和有趣性任务等方面的支持下，更有可能展现出创造性思维和行为。

此外，阿马比尔还进行了关于创造力过程和创造性环境的研究。她发现，创造力的产生不仅取决于个体内在的认知和情感过程，还受到外部环境的影响。她强调了创造性环境中的支持、合作和自由表达的重要性，这些因素可以激发和促进创造力的发展。

(5)斯滕伯格的研究聚焦于理解创造力的认知过程、个人特质以及与创造力相关的智力因素。斯滕伯格提出了“创造力三元论”(triarchic theory of creativity)，这一理论将创造力定义为智力、创造性思维和实用性的交互作用。根据他的观点，创造力不仅涉及生成新颖和有价值的想法，还需要能够将这些想法应用于实际情境中。他将创造力划分为以下三个方面。

①创造性思维：创造性思维是指能够产生独特和新颖想法的能力。斯滕伯格将创造性思维分为四个过程：问题感知、问题发现、生成想法和评估想法。

②技术性知识：技术性知识是指特定领域中的专业知识和技能。这方面的知识对于创造力的发展和实现至关重要。

③实用性：实用性是指能够将创造性想法转化为实际行动和解决问题的能力。这包括了适应性、选择性和实施性。

斯滕伯格还提出了“创造力投资理论”（investment theory of creativity)，强调了创造力的培养和发展需要长期的努力和积累。他认为，创造力是通过在特定领域中积极投资而获得的知识和技能，并结合创造性思维来实现的。

(6)考夫曼(Kaufman)和贝格托(Beghetto)提出了创造力的“4C 层次模型”，包括迷你 C(Mini-C)、小 C(Little-C)、专业 C(Professional-C)和大 C(Big-C)。这个模型旨在描述创造力在不同层次和领域中的表现。

①迷你 C：迷你 C 代表微型创造力，指的是日常生活中个人展现的创造力。它强调了个人在日常生活中的创造性思维和解决问题的能力，例如找到新颖的解决方案或应对日常挑战。迷你 C 发生在个体的小范围内，对个体的生活和工作有一定影响。

②小 C：小 C 代表小型创造力，指的是在特定领域或兴趣爱好中展现的创造力。这种创造力在特定的领域内发挥作用，例如在艺术、音乐、写作或手工艺等领域中展示创造性表达和创新能力。小 C 通常发生在个

体与特定领域相关的兴趣和努力中。

③专业 C：专业 C 代表专业创造力，指的是在专业领域内展现的创造力。这种创造力通常发生在专业人士、专家和研究者的工作中，涉及在特定领域中创造新颖、有价值的想法和成果。专业 C 通常具有较高的专业知识和技能，并且对专业领域的发展和创新有重要贡献。

④大 C：大 C 代表卓越创造力，指的是对整个领域或社会产生重大影响的创造力。这种创造力通常被认为是卓越和具有变革性的，可对某个领域或整个社会产生重大的影响和创新。大 C 的创造力成果被广泛认可并对领域发展产生深远影响。

“4C 层次模型”提供了一个多层次的创造力框架，描述了创造力在不同层次和领域中的表现和影响。它强调创造力的多样性，并反映了创造力在个人生活、专业领域和社会变革中的不同层次和作用。

(7)罗德斯(Rhodes)提出了著名的“创造力 4P 模型”，包括创造性个人(person)、创造性过程(process)、创造性产品(product)和创造性环境(press)四个维度。

①创造性个人：指参与创造性活动的个体，其特质和能力包括认知能力、知识水平、个性特质、动机和创造性思维。创造性个人的特征和能力对创造力的发展和表现起着重要作用。

②创造性过程：指个体在创造性活动中的思维和行为过程。其包括问题定义、信息获取、思考、联想、创意生成、评估和改进等阶段。创造性过程是创造力表现的核心，涉及个体的创造性思维和创新行为。

③创造性产品：指创造性活动的结果和产物。这可以是创新的产品、艺术作品、发明、解决方案等具有创造性和创新性的成果。创造性产品的质量和影响力对创造力的评估和认可至关重要。

④创造性环境：指个体所处的社会和文化环境对创造力的影响，包括

组织、教育、文化和社会支持等方面。创造性环境可以提供资源、激励、合作和认可,促进创造性思维和行为的发展。

罗德斯的“创造力 4P 模型”强调了创造力的多个关键要素,涵盖创造性个人、创造性过程、创造性产品和创造性环境之间的相互作用。

(8)米哈里·契克森米哈伊(Mihaly Csikszentmihalyi)是心流(flow)理论的创始人,他的研究探讨了心流体验与创造力之间的关系。他认为心流状态能够促进创造力的发挥。加德纳(Gardner)是多元智能理论的提出者。他认为创造力是智能的一个重要方面,并将其视为一种在艺术、科学、文学等领域中表现出来的智能类型。班杜拉(Bandura)的社会学习理论也对创造力的研究产生了影响。他强调环境、观察和模仿对创造力的发展和表现起重要作用。伦科对创造力的心理过程、培养和评估进行了广泛的研究。西蒙顿的研究聚焦于创造性天才和创造性成就。他研究了历史上的创造者、领袖和创新者,并提出了创造性进化理论,试图解释创造力的起源和演化。

4.创造力的评估

吉尔福德是现代创造力心理测量研究的先驱,他于 1967 年构建了几种基于表现的测试来衡量创造力。题目类型如下:

情节标题:向参与者提供故事情节,要求他们写出原创标题。

图形概念:向参与者提供物体和个人的简单图画,要求他们找到两个或更多图画之间的共同品质或特征。

特殊用途:寻找常见物品(例如砖块)的不寻常的用途。

远程关联:要求参与者在两个给定单词之间找到一个单词(例如 hand____call)。

远程后果:要求参与者生成意外事件(例如重力丧失)后果列表。

吉尔福德对创造性研究作出了一个重要假设:创造力不是一个抽象

概念。创造力是一个类别而不是一个单一概念的想法，为其他研究人员提供了以全新视角看待创造力的依据。吉尔福德设计了创造力组成部分的第一个模型。他认为创造力受以下因素的影响：

(1)对问题的敏感性，或者说识别问题的能力。

(2)流畅性，包括创意流畅性、联想流畅性和表达流畅性。

(3)灵活性，包括自发的灵活性和适应的灵活性。

这是一些研究人员多年后采用和修改以产生新的创造力理论的基本模型。在吉尔福德工作的基础上，研究人员开发了发散思维(DT)测试。托兰斯于1966年开发了“托兰斯创造性思维测验”。

一些研究人员采用社会人格方法来衡量创造力。在这些研究中，独立判断、自信、对复杂性的吸引力、审美取向和冒险精神等人格特质被用来衡量个人的创造力(Sternberg et al.，1999)。格雷戈里·费斯特(Feist，1998)的一项元分析表明，有创造力的人在面对新体验时往往更加开放、自信、富有动力、雄心勃勃，更容易自我接受，并且占据主导地位，具有好胜心。对经验的开放性已被证明与一系列不同的创造力评估始终相关(Batey et al.，2010)。研究表明，不同创造力领域之间存在微妙的差异。与非艺术家相比，艺术家往往对经验具有更高水平的开放性和较低水平的责任心；而与非科学家相比，科学家对经验更加开放、尽责，并且在外向性的自信主导方面具有更高水平(Feist，1998)。

5.创造力与智力的关系

自20世纪开始，创造力和智力之间的潜在关系一直受到人们的关注，当时许多有影响力的研究都集中在这一点上。关于创造力和智力，研究人员不仅对它们的结构是否相关感兴趣，而且对它们之间如何相关和为何相关感兴趣。

有多种理论解释创造力和智力之间的关系，其中三种主要理论如下：

(1)阈值理论。智力是创造力的必要条件,但不是充分条件。在智商值小于120时,创造力和智力之间存在适度的正相关关系(Barron,1963; Guilford,1967)。

(2)认证理论。创造力与智力没有内在联系。个人需要满足必要的智力水平才能获得一定水平的教育或工作,这反过来又提供了发挥创造力的机会。创造力的展示是由智力来调节的(Hayes,1989)。

(3)干扰理论。极高的智力可能会干扰创造力(Sternberg,1996)。

斯滕伯格和奥哈拉(O'Hara)提出了创造力和智力之间五种可能关系的框架:

(1)创造力是智力的一个子集。

(2)智力是创造力的一个子集。

(3)创造力和智力是重叠的结构。

(4)创造力和智力是同一构造的一部分(重合集)。

(5)创造力和智力是不同的结构(不相交的集合)。

6.创造性的实质

林崇德教授认为创造性的实质是主体对知识经验或思维材料高度概括后进行集中而系统的迁移,进行新颖的组合分析,找出新异的层次和交结点。一个人的概括能力越强,即越会合并同类项,其创造性就越突出;知识系统性越强,创造性越突出;能够把所有的思维材料像压缩饼干一样进行压缩,减缩性越大,创造性越突出;迁移越灵活,创造性越突出;注意力越集中,越有灵感,创造性越突出。

人的创造性是有生物学基础的。对创造性而言,"生物学基础"指的是人这一客体在结构、功能、发生和发展规律上的与创造性有关的特征。理论上而言,高创造性人群和低创造性人群在人体解剖结构、生理功能与生化指标、基因编码和表达等方面具有差异性。

7.创造性人才的构成心理因素

创造性人才的出现是有内因和外因的。外因是指创造性(创新)环境,主要是文化环境、教育环境、社会环境、工作环境和资源环境等。而内因是指心理因素,具体表现为智力因素和非智力因素。智力因素主要表现在创造性思维上,而非智力因素主要表现在创造性人格上。

在创造性人才的思维(智力)表现上,美国心理学观点认为发散思维就是创造性思维,它有三个特点:流畅性、变通性和独特性。林崇德教授对上述观点进行了四点补充:

(1)活动新颖、独特、有意义。活动是一个人创造力的体现,实践是创造、创新的基础。活动、实践要能体现创造力的话,那它们必须要新颖、独特、有意义。

(2)思维加想象。一个具有创造力的人不仅需要具有创造性思维,还需要具有想象力。

(3)灵感的出现。灵感有两个特点:一是灵感必须要受原型的启发;二是灵感可以发生在意识朦胧状态,也可以发生在意识清醒的状态。

(4)分析思维和直觉思维相统一。

在创造性人才的人格(非智力)表现上,非智力因素就是人格因素:一是心理学中的个性,主要指气质和性格;二是社会学中的品格。前者是指个体的差异,可以称之为人格的个性特征;后者是指道德品质的高低,可以称之为人格的品行特征。

吉尔福德认为创造性人格包含八个方面:①高度的自觉与独立性;②旺盛的求知欲;③强烈的好奇心;④知识面广,善于观察;⑤工作中讲求理性与严格;⑥丰富的想象力,敏锐的直觉,广泛的爱好;⑦幽默感,出色的文艺才能;⑧意志品质出众。

斯滕伯格提出了非智力因素的七种表现:①对含糊的容忍;②愿意克

服障碍;③愿意让自己的观念不断发展;④活动受内在动机的驱动;⑤有适度的冒险精神;⑥期望被人认可;⑦愿意为争取再次被认可而努力。

林崇德教授认为创造性人格表现为:①健康的情感;②坚强的意志;③积极的个性倾向性;④刚毅的性格;⑤良好的习惯。

(二)关于创新素养培育的研究

1.国际层面

国际上,创新科技以及创新人才越来越成为国家之间以及地区之间竞争的关键,创造力研究与创新人才培养得到了世界各国和地区的高度重视。为了培养更多的创新人才,美国提出了一系列的创新人才培养理论和选拔方法,成立了创造力研究组织和超常儿童发展机构,探索了多种创新人才培养模式。自 20 世纪 80 年代以来,英国重视思维与创造力研究,建立了超常儿童研究机构,推进了教育改革,探索了创新人才培养的模式。日本则将创新素养的培育确定为国策。

青少年时期是一个人创新素养形成的关键阶段,世界各国探索了青少年创新素养培育的不同模式。教学创新是创新素养培育的主渠道,世界各国和学术界通过提出创造性教学理论、训练创新思维技能、建立英才教育体系等方式,提倡积极主动学习、在合作和探究中学习,提倡学习和思考同步进行。在这个过程中,教师应注意贯彻基于创新思维的学习和教学,以帮助学生提高创新素养。

20 世纪 80 年代以来,世界各国纷纷制订或者修订国家科学课程标准,推进科学教育改革。大部分国家的科学课程标准强调创新素养的培育,如《美国国家科学教育标准》规定:学校科学教育要培养学生通过了解和认识自然界而产生充实感和兴奋感,培养运用证据进行描述、解释、预测和构建模型的能力,通过批判性和逻辑性思维建立证据与解释之间的关系等;英国的《国家科学教育课程标准》强调培养学生的思维能力和创造性解决问题的能力;加拿大相关科学课程标准强调批判性思维和创造性思维的培养等。

教材改革是基础教育课程改革的重要组成部分,也是培养学生创新素养的重要环节。教材的内容选择、知识呈现、编排特点等,集中体现了国家的教育思想和教育观念,教材是教师组织教学活动的主要依据。研究者通过对 10 个国家的中小学科学教材进行比较分析,发现大部分国家特别重视学生创新素养的培育(韩葵葵等, 2015)。例如,美国中小学科学教材注重知识的先进性、递进性和核心概念的学习,在内容设计、练习设计、链接内容等方面设计一些小栏目来训练学生的批判性思维、迁移思维、元认知能力;新加坡以科学探究的形式展开活动,以思维能力的培养为教学核心,教材中的每一个活动,都先列出本次活动将要使学生掌握的思维能力,紧接着设计若干培养这些思维能力的活动,在每一个活动的最后,都会安排一个培养学生反思能力的栏目;德国重视培养发散思维、分类思维、合作能力、探究能力、信息搜集能力、展示能力、实践能力等,强调学生学习兴趣的培养等。

2.中国层面

在我国,创新素养培育也一直是国家教育改革与发展关注的重点问题,是实施素质教育的重要内容。1985 年,《中共中央关于教育体制改革的决定》就明确提出要培养学生的"创新精神"。1999 年 6 月,中共中央、国务院印发的《关于深化教育改革全面推进素质教育的决定》指出,实施素质教育"以培养学生的创新精神和实践能力为重点"。2010 年 7 月,《国家中长期教育改革和发展规划纲要(2010—2020 年)》指出,着力提高学生的学习能力、实践能力、创新能力。

党的十八大以来,我国越来越重视对创新型人才的培养,多份政策文件中提出应加强对学生创新素养的培育。2013 年 11 月,《中共中央关于全面深化改革若干重大问题的决定》指出,完善中华优秀传统文化教育,形成爱学习、爱劳动、爱祖国活动的有效形式和长效机制,增强学生社会责任感、创新精神、实践能力。2017 年,中共中央办公厅、国务院办公厅印发的《关于深化教育体制机制改革的意见》中明确指出,培养创新能力,激发学生好奇心、想象力和创新思维,养成创新人格,鼓励学生勇于探索、大胆尝试、创新创造。2021 年 3 月,《中华人民共和国国民经济和社会发展第十四个五年规划和 2035 年远景目标纲要》中明确提出,深化新时代教育评价改革,建立健全教育评价制度和机制,发展素质教育,更加注重学生爱国情怀、创新精神和健康人格培养。2021 年 3 月,教育部等六部门印发的《义务教育质量评价指南》中,将“创新精神”作为学生“学业发展”的重要部分之一(陈国华, 2022)。

为了培养更多创新型人才,我国在借鉴国外经验的同时,也进行了有益的探索,如实施超常教育、推进课程改革、重视教师培训、启动教师教育创新平台等。创新的根本在于基础教育的底部支持,在国际竞争日趋激烈的背景下其重要性被提到了前所未有的高度。

在 2016 年林崇德组织研制的《中国学生发展核心素养总体框架》中,实践创新被确定为六项素养之一。该框架将实践创新素养界定为学生在日常活动、问题解决、适应挑战等方面所形成的实践能力、创新意识和行为表现。

2017 年 1 月,国务院印发的《国家教育事业发展“十三五”规划》中明确指出,培养学生创新创业精神与能力,要从中小学做起,注重激发学生学习兴趣、科学兴趣和创新意识,加强科学方法的训练,逐步培养学生逻辑思维与辩证思维的能力。

2018 年 9 月 10 日,在北京召开的全国教育大会上,习近平总书记在其发表的讲话中提出，要在增强综合素质上下功夫，教育引导学生培养综合能力，培养创新思维。从基础教育阶段开始，倡导创新，关注学生创新素养的培育，为地区经济社会发展以及各领域的创新发展储备和输送创新人才，是教育的基本功能。

2015 年，浦东新区在推进新一轮教育综合改革过程中，将对学生的创新素养培育作为重要抓手。2016 年起，通过设立专门项目，依托浦东教育发展研究院设立项目组等方式积极推进创新素养培育（李彦荣，2019）。

但是，现阶段我国在培育创新型人才、发展成为创新型国家的道路上还面临诸多困难与挑战。《国家中长期教育改革和发展规划纲要（2010—2020 年）》中明确指出，我国教育观念相对落后，内容方法比较陈旧，中小学生课业负担过重，素质教育推进困难。在这样的情况下，学生的创新意识薄弱，适应社会和就业创业能力不强，创新型人才紧缺。

近年针对某市中小学生创新精神与实践能力的调查发现：教师、家长和学生对创新精神和实践能力普遍认识不足、重视不够，有一定的片面性和局限性，过于重视毅力、勤奋、虚心品质，而忽视创造性品质和个性化思维品质。多数教师传统教育观念较重，对培养学生创新精神和实践能力领会不深、缺乏经验等（甘秋玲等，2020）。

（三）关于项目化学习的研究

1.历史层面

从 20 世纪开始，以帕克、杜威（Dewey）等教育家为代表人物的进步主义教育运动，基于对儿童认知规律的发掘，对传统课堂的教学范式进行了批判，产生了现代教学论，以期通过变革教学方式重新确定教与学之间的逻辑关系。其主要观点包括：以儿童为中心的学生观、以生活为内容的课程观、以解决问题为方法的教学观以及淡化权威意识的教师观等。在教育改革中，杜威等教育家提出体验式学习、做中学的理论，倡导以学生为主体开展教学活动。

1918年，基尔帕特里克（Kilpatrick）在《设计教学法：在教育过程中有目的活动的应用》一文中提出了“设计教学法”（project method of teaching）的概念，首次将“设计”引入教育领域。“设计教学法”肯定了学习者在学习中的地位，认为这种学习是“在特定的社会环境中发生的、需要学习者全身心投入的、有计划的行动”。学生在教师的指导下，根据自己的学习兴趣确定学习目的，设计学习内容，通过自行设计及操作，获得有关知识与技能。

学习方式的变革，必须重新确立教学中教与学的关系，必须回到以学生的学为中心的教学的逻辑起点。从其来源来看，项目化学习就是植根于现代教学论这种“做中学”和“设计教学”的思想，其基本理念强调儿童主动学习、强调经验获得、强调在做中学习，体现了现代教学论对教学重心从教师的教到学生的学的根本性转移。

杜威是项目化学习的重要先驱之一。他在20世纪初提出了“经验主义教育”的概念，强调学生通过实际经验和实践活动来学习。他认为学生应该在实际问题和项目中积极参与，从中获得知识和技能。

20世纪60年代至70年代，约翰·迪鲁(John Duri)等教育家开始提倡“发现学习”和“主动学习”的理念。他们鼓励学生参与真实世界的问题和项目，通过探索和解决问题来学习。这一时期，项目化学习的理论框架逐渐形成。

20世纪80年代至90年代，项目化学习得到了更多的实践和推广。大量的实证研究表明，项目化学习可以促进学生的主动参与、合作学习和问题解决能力的培养。一些教育改革倡导者开始尝试将项目化学习引入学校课程，并提供相关的教学指导和资源。

21世纪以来，随着对传统教育模式的反思和对21世纪技能的需求，项目化学习得到了更广泛的支持和发展。教育改革运动的倡导者认为，传统的课本和教师导向的教学无法激发学生的兴趣和主动性，而项目化学习能够培养学生的实际技能、合作能力和批判性思维。

如今，项目化学习已经从单一学科的项目扩展到跨学科的项目，它更注重学科之间的整合和实际应用。学生可以通过跨学科项目探索复杂的现实问题，并运用他们的知识和技能解决问题。

2.实践层面

项目化学习起源于18世纪的欧洲，到19世纪开始在美国的校园得到推广，到20世纪后期在全世界得到了全面的应用。《2019—2020全球教育报告》中指出，最近几年在"学什么和怎么学"这个问题上，世界各国的表现特别活跃。比如美国有翻转课堂、STEM学习、项目化学习、游戏化学习，芬兰有基于现象的学习(phenomenon-based learning)，英国有工作室学习，新加坡有少教多学，等等。

2019年教育界的诺贝尔奖，也就是WISE教育奖，授予了美国高科技高中(High Tech High, HTH)的创始人拉里·罗森斯托克(Larry Rosenstock)。理由就是他用19年的时间探索了"没有统一教材、没有标准化考试"的项目化学习，为5000多名学生"装上了学习的发动机"。

HTH是一所十二年一贯制公立学校。HTH对现有的教育体系做了颠覆式的改革，除去固有的教育系统，使用跨学科教育为主导的项目化学习方式进行教学。学校内部没有一件买来的装饰，所呈现的都是跨学科的学习过程和成果。在可查询的数据中，HTH 99%的毕业生进入全美优等大学。许多像HTH这种创新式学院都慢慢建立起来，引领美国创新式教育发展。

在丹麦哥本哈根的开创性高中，学生不再是乖乖坐在座位上听讲，而是按照自己的条件学习。学校重视技术，鼓励学生成为为世界做出贡献的个体，将知识转化为行动，改变世界。

美国纽约州的达罗中学是全美独立制院校联盟(NAIS)和寄宿学校联盟(TABS)成员，更凭借项目化学习这一独特的教学模式被NAIS报告作为标杆屡屡提及并被授予“课程设计与创新领导者”荣誉。

在我国，2001年4月，教育部发布关于印发《普通高中“研究性学习”实施指南(试行)》的通知，该通知不仅在理论上为研究性学习提供了指导，而且在实施层面上将项目(活动)设计作为研究性学习课程内容之一，倡导操作和实践活动。同年6月，教育部颁布《基础教育课程改革纲要(试行)》，将综合实践活动作为国家规定的必修课，其中包括研究性学习，主要目的是让学生通过操作实践掌握方法，提高问题解决能力。

项目化学习作为研究性学习方式之一，现已逐步引入我国中小学的教学实践中。2007年9月，在联合国儿童基金会的资助下，中央电教馆先后启动了中国和联合国儿童基金会远程教育项目。采用网络远程协作技术与项目化学习相结合的方法，创建了基于网络的项目化学习教育环境，倡导学生在学习过程中主动参与，培养学生的综合能力。

为进一步深化项目教学法与中小学课程整合的研究与实践，推进在“互联网+”时代有效发展学生核心素养，探索项目教学法与中小学课程整合的开发理念、策略与方法，以促进中小学生的智慧学习。2017年7月，首届项目教学法(PBL)与中小学课程整合的专题研讨会在北京顺利召开。

2019年6月，国务院办公厅颁布了推进普通高中教育教学改革的纲领性文件《关于新时代推进普通高中育人方式改革的指导意见》，在“深化课堂教学改革”中提出“项目设计教学”。同年6月23日，中共中央、国务院颁布了深化教育教学改革、全面提高义务教育质量的纲领性文件《中共中央、国务院关于深化教育教学改革全面提高义务教育质量的意见》，提出“探索基于学科的课程综合化教学，开展研究型、项目化、合作式学习”，即通过项目化学习等教学方式的应用和优化，提高课堂教学质量。至此，项目化学习从理论探索转向为政策要求。

2020年，上海市教委出台了《上海市义务教育项目化学习三年行动计划(2020—2022年)》，以创造性问题解决能力为导向，以项目化学习的实践和研究为着力点，以活动项目、学科项目、跨学科项目为载体，促进义务教育学校教与学方式变革，进一步激发学校办学活力，培育项目化学习实验学校100所左右，覆盖全市所有区。

四、创新素养在教育中的重要性

(一)创新素养与学科教育的关系

创新素养与学科教育的关系是教育研究中一个备受关注的议题。在这方面的深入探讨有助于我们更好地理解创新素养对学生学科学习的影响，以及如何更有效地在教育实践中培育学生的创新素养。

首先，需要认识到创新素养并不是一个与学科教育不相干的概念，而是与各个学科密切相关的。创新素养的核心要素，如创造力、批判性思维、沟通能力以及探究精神，都是在学科学习中能够发挥关键作用的技能。创造力不仅体现在艺术和文学领域，它同样可以在科学、数学、历史等学科中发挥作用，推动学生提出新的问题、寻找新的解决方案。批判性思维则是在学科中进行分析和评估的重要工具，它有助于学生更深入地理解学科知识，同时培养他们独立思考的能力。沟通能力在任何学科中都是至关重要的，学生需要能够清晰地表达自己的观点，与他人分享和讨论想法，这不仅有助于他们更好地理解学科内容，也是一种与他人合作的必备技能。探究精神则是激发学生主动学习和探索的内在动力，不仅关注知识本身，更关注学科学习的过程。

其次，创新素养对于学科教育的促进作用体现在学生的学科兴趣和学习动机上。学科教育往往面临着学生对学科内容兴趣不高、学习动机不足的问题。而通过创新素养的培育，可以激发学生对学科的兴趣。创新性的学科学习方式，如项目化学习，能够吸引学生参与到更具有趣味性和挑战性的学科活动中，从而增强他们的学科兴趣。同时，创新素养培育强调学生在学科学习中的主动性和参与度，这有助于激发学生的学习动机，使他们更加愿意投入学科学习中去，而不是被动地接受知识的灌输。

最后，创新素养对学科教育的促进还表现在学生解决问题的能力上。学科学习的目的不仅仅是让学生记住知识点，更是培养他们解决实际问题的能力。创新素养的培育注重学生的问题解决过程，强调他们对问题的分析和思考，以及可以提出创新性的解决方案。在学科教育中，这种培养方法有助于打破传统的死记硬背模式，使学生更加注重学科知识的实际应用，培养他们独立解决问题的能力。

进一步说，创新素养与素质教育的关联也是不可忽视的。素质教育旨在培养学生的全面素养，包括德、智、体、美、劳等多个方面。而创新素养作为素质教育的一部分，不仅关注学科知识的传授，更注重学生在学科学习中培养的能力和素养。在这一点上，创新素养培育与传统的纯粹以知识传授为主的教学形式形成了鲜明的对比。素质教育注重学生的全面发展，强调他们的个性和创造力，而创新素养的培育则是促进学生在学科学习中更加全面地成长。

综上所述，创新素养与学科教育的关系是一种相辅相成的关系。通过创新素养的培育，可以更好地激发学生对学科的学习兴趣，提高他们的学习动机，同时促进他们在学科学习中的全面发展，培养他们解决问题的能力。这不仅有助于学生更好地应对未来社会的挑战，也为教育实践提供了一种更具活力和创新性的教学模式。

（二）创新素养与学生未来发展的关系

创新素养在学生未来发展中扮演着至关重要的角色。在当今不断变化的社会环境中，培育学生具备创新素养不仅仅是对个体发展的关怀，更是对社会发展的投资。创新素养与学生未来发展之间具有紧密联系，对学生职业生涯、个人成就和社会参与等方面产生积极影响。

首先，创新素养是适应未来职业环境的关键要素。随着科技的不断进步和市场的快速变化，传统的工作模式正在被颠覆。具备创新素养的学生更容易适应新兴职业的需求，他们能够快速学习新知识、灵活运用新技能，成为解决问题和创造价值的中坚力量。企业越来越重视创新能力，因此具备创新素养的学生有望更好地融入职业生涯，实现职业发展的可持续性。

其次，创新素养与个人成就密不可分。通过培养创新思维和解决问题的能力，学生更容易把握机遇和实现个人目标。创新素养不仅帮助学生在学业上取得更好的成绩，还使他们更有信心和动力去面对挑战。这种自信心和动力不仅仅来源于技能的提升，更在于对未知领域的探索和创造性思维的培养。因此，创新素养不仅是学业成功的催化剂，也是个体成就感和幸福感的重要来源。

最后，创新素养对社会参与具有积极影响。具备创新素养的个体更容易参与社会事务，为社会做出积极的贡献。创新素养培养了学生的批判性思维和解决问题的能力，使他们更愿意参与公共事务、关心社会问题，并能够提出创新性的解决方案。这种社会参与不仅有助于个体的全面发展，也为社会创造了更加积极向上的氛围，促进社会的可持续发展。

因此，创新素养不仅仅是教育中的一个概念，更是对学生未来发展的一项重要投资。通过培育创新素养，学生将更好地适应未来社会的发展需要，实现个人的职业发展、职业成就和社会参与。所以，教育者应该深刻认识创新素养的重要性，通过创新的教育方法和策略，助力学生成为未来社会的积极建设者和领导者。

(三)创新素养在项目化学习中的作用

创新素养在初中物理项目化学习中扮演着重要的角色，它不仅有助于学生更好地理解物理概念，还能够提高其解决问题的能力，培养其团队协作和沟通技能。

传统的课堂教学往往局限于知识的传授，而项目化学习则提供了实践的机会，让学生将知识应用于实际问题。这种实践性学习激发了学生的学习兴趣，使他们更加主动地去探究物理现象背后的原理。通过参与项目，学生需要运用所学的物理知识解决现实问题，这要求他们不仅了解概念本身，还要理解如何在具体情境中应用这些概念。例如，在设计一个简单机械系统的项目中，学生需要深入了解力、摩擦、杠杆等物理概念，并将其融会贯通地应用于解决实际问题，从而对这些概念有更深层次的理解。

创新素养培育的一个重要方面是培养学生独立思考和解决问题的能力。在初中物理项目化学习中，学生不仅要接受问题及其解决方案，更要积极参与问题的提出和解决的整个过程。项目化学习通常设计为开放性问题，这些问题需要学生调动创新素养，提出创新性的解决方案。这样的学习环境培养了学生独立思考和解决问题的能力，使其具备面对未知挑战时的自信和勇气。

在创新素养的框架下，初中物理项目化学习也强调学生的团队协作和沟通技能。项目通常设计为小组合作，要求学生共同努力完成任务。这种协作方式不仅培养了学生的合作精神，还提升了他们的沟通和交流能力。学生在小组协作共同解决问题的过程中，需要相互协商、分享观点、听取他人意见，并有效地表达自己的想法。这不仅有助于学生建立良好的人际关系，还为未来的团队工作和社会交往打下坚实的基础。

综上所述，可以看到创新素养在初中物理项目化学习中的多重作用。通过激发学生对物理概念的深刻理解、提升学生解决问题的能力以及培养学生团队协作和沟通技能，创新素养为学生未来的学术和职业发展奠定了坚实的基础。因此，初中物理教育应该积极倡导并整合创新素养培育，以促进学生全面发展。

五、当前创新素养培育中存在的问题与对策

传统的教育体制过于注重知识传授和考试成绩，忽视了培养学生的创新思维和实践能力。学生被过度灌输知识，形成了机械记忆，缺乏独立思考和解决实际问题的能力。

首先，创新需要多学科的综合知识和技能，但传统教育大多实行分科教学，学生很少接触到跨学科的知识。

其次，创新需要实践和实验的机会，但很多学校缺乏相应的实验室、设备和资源，学生无法进行实际操作和实践探索。

最后，创新需要有鼓励和支持的文化和氛围，但很多学校和社会环境中存在着对失败和风险的恐惧，缺乏鼓励和包容失败的文化氛围。

除此之外，在当前的创新素养培育中还存在以下几点较突出的问题。

（一）缺乏创新素养和课程标准的深入衔接

2016年，中国学生发展核心素养研制课题组发布的《中国学生发展核心素养》中将“实践创新”作为六大核心素养之一，并初步提出了实践创新素养的要点。然而，当前缺乏基于核心素养框架下创新素养内涵、关键指标及其中小学阶段具体表现水平的深入研究，限制了创新素养融入中小学阶段课程标准修订、教材编写、教师教学与评价等教学实践（黄四林等，2021）。

鉴于提升创新素养的重要性与迫切性，应该对课程、教学和教师等整个环境提出具体的落实要求（师保国等，2017）。当前急需根据创新素养关键指标在义务教育阶段的具体表现水平，将创新素养融入各学科教学目标与质量标准之中。同时，教师应转变过去“以学科为中心”的模式，树立培养学生创新素养的意识与目标，通过各学科教学与学习实践综合提升学生创新素养。将创新素养融入课程标准与学科课程，发挥各学科创新素养培育的合力。

要培养学生的创新素养，需要帮助学生把课程内容同实际生活有意义地联系起来，这就需要教师把学科内容与活动整合，利用主题引导课程教学。受应试教育的影响，基础教育阶段的课程设计拘泥于教材内容，不能很好地将学科知识学习与学生的已有经验、现实生活和自身认知进行高度关联，无法将学科核心素养贯穿于教育教学之中，更难以提升学生的创新素养，学生也无法通过学习活动获得对真实世界的感知（陈国华，2022）。

（二）对创新素养培育仍存在认识的误区

培育学生创新素养是基础教育的重要使命，对于基础教育阶段如何培育学生创新素养的追问和探索一直在持续，并取得了初步进展。同时也存在一定的认识误区，实践操作层面的困难往往正是由人们对创新素养的认识误区导致的(陈静静，2017)。

误区一：认为只有极少数成绩优异的学生具有创新的可能，因此创新素养的培育只面向部分资优学生。误区二：认为只有在知识基础完全具备的情况下才能创新，因此要尽早、高效地给学生灌输文化知识。误区三：认为高度竞争能促进创新，因此要建立高度竞争的创新人才选拔和培养机制。误区四：认为基础课程和主干学科不能轻易改变，因此只能依靠拓展课程来培育创新素养。

当前，国际上已经对创新的概念进行了进一步的深化和拓展，这让每个人的创新成为可能。因此，在教育方面应该以“全纳”的态度保护每位学生创新的可能性，以“倾听”的方式促进学生脑、手、心协调发展，以高品质的学习带领学生挑战未知、超越自我(陈静静，2017)。

(三)创新素养培育课程和基础学科课程相割裂

在考察了大量的中小学创新素养培育方案以后，发现这样一个问题：很多学校将创新素养的培育课程与基础课程进行了切割，单独设立创新素养培育课程、工坊、社团等，通过一套特殊的课程、教材、方法等来对某一个特殊的学生群体进行培养，而对基础课程和主干学科几乎没有涉及，从而形成了创新素养培育的“两张皮”现象：一方面，创新素养培育课程只能惠及少数学生，多数学生没有机会接触；另一方面，主要的课程和教学并没有发生变化，只是细枝末节的调整，对学生的影响极为有限。

通过对当前创新素养培育过程中存在的问题梳理发现，问题的本质原因集中指向了现阶段创新素养培育课程和学科教学课程的融合程度不够，导致出现学科教学与创新素养培育“两张皮”的现象。学生创新素养培育的基点归根结底在学校、在教师、在课堂，这就要求从学校到教师都必须摒弃以讲授知识为主的传统教育教学方式，通过有效的项目引领和课堂教学设计，启迪学生的智慧和创新精神。

教师不仅仅要通过为学生提供某方面的创新项目设计来培养其创新素养，更主要的是要通过在基础学科教学中，对学生创新素养的全面启蒙来培养其创新的人格、思维和实践能力。借助某种合适的方式将创新素养培育融入学科课程中，寻找创新素养与学科课程的结合点，是培养学生创新素养，实现创新素养育人目标的有效途径。通过相关研究发现，项目化学习是有效结合学科教学与创新素养培育的最佳方式之一。

六、项目化学习中创新素养培育的理论基础

(一)关于项目化学习的理论基础

任何一种新的学习观念、思想都不是孤立地依靠某一个理论所派生出来的，都是在已有的认识成果基础上衍生出来的。项目化学习既是一种教学活动，又是一种学习方式，它融合了许多教育理念，包括教育学基础和教育心理学基础。

1.建构主义学习理论

建构主义学习理论认为“知识是由认知主体主动建构的，建构是通过新旧经验的互动实现的，认知的功能是适应，它有助于主体对经验性世界的组织”(莱斯利等，2002)。可见，建构主义学习理论对学习赋予了新的意义。在建构主义的视野里，世界是客观存在的，但对世界的理解和赋予意义却由个体自己决定。学习者的学习是以他们自己的经验为背景，基于已有的知识鉴别新知识，最后重新建构个人化知识的过程。教学是

一种对话和社会协商的过程，学习就是知识建构，是个人经验和社会协商的代名词。

建构主义学习理论认为学习应具备五个基本特征：

(1)学习的目标：深层理解。学习目标是理解知识的深层含义。但目标不是从外部由他人设定，而是形成于学习过程中，由学习者自己设定。

(2)学习的内部过程：通过思维构造实现意义建构。学习者建构自己的知识和理解的过程是不断思考，对各种信息进行加工转换，形成假设、推论和检验的过程。

(3)学习的控制：自我监控与反思性学习。学习者要不断监控和判断自己的进展，采用各种增进理解和帮助思考的策略。

(4)学习的社会性：充分的沟通、合作和支持。

(5)学习的物理情境：学习应发生于真实的学习任务之中，强调多样的、情境性的信息与有利的建构工具。

借助建构主义学习理论的这些观点来透视项目化学习，无疑有着积极的启发意义和借鉴价值。项目化学习主要着力于学生的学，目标指向学生的创新能力、问题意识、合作意识，以及关注人类发展的意识和责任感的培养。可以说，二者在强调学习的探究性、主体性、交互性、过程性、开放性等体现现代学习的特点方面存在共同的基础。

所以，项目化学习又是一种建构性学习。建构性学习符合学习的本质，能促进人的深度学习，进而实现核心素养和学科能力的可持续发展。因此，建构主义是项目化学习重要的理论基础(胡红杏，2017)。

2.认知结构学习理论

认知结构学习理论的主要代表人物是美国当代心理学家及教育家布鲁纳(Bruner)。布鲁纳抛弃了行为主义学习理论，将学习看作是刺激与反应间的联结这种机械的学习理论，认为学习是新知识进入头脑中原有的知识结构中从而获得意义的过程。

学习是否有意义，取决于学生能否将新知识与自己认知结构中原有知识建立起实质性联系。布鲁纳的学习理论被称为“认知-发现说”，他所说的发现，并不局限于发现人类尚未知晓的事物的行动，而是包括用自己的头脑亲自获得知识的一切形式。

布鲁纳提倡的发现学习有以下一些特征(施良方，2001)：

(1) 强调学习过程。在教学过程中，学生是一个积极的探究者，教师的作用是创设一种学生能够独立探究的情境，而不是提供现成的知识。

(2) 强调直觉思维。在探究活动中，教师要帮助学生形成丰富的想象，让学生自己试着做，边做边想。

(3) 强调内在动机。鼓励学生向自己的能力提出挑战，形成学生的能力动机。

(4) 强调信息提取。提取信息的关键在于如何组织和整理信息。

项目化学习非常重视学生对信息的获取、选择、分析、判断和运用能力，布鲁纳在认知结构研究基础上提出的发现学习法为项目化学习功能的发挥提供了心理学的依据。

3.认知同化学习理论

对传统的学习理论持批评态度的还有美国当代著名心理学家和教育家奥苏贝尔 (Ausubel)。奥苏贝尔提出了认知同化学习理论，其核心是：学生的学习主要取决于他们认知结构中已有的有关概念，有意义学习通过新信息与学生认知结构中的已有概念相互作用才得以发生，相互作用导致了新旧知识的同化。

以同化为心理机制，奥苏贝尔对有意义学习进行了阐释，并提出了有意义学习的两个先决条件，具体如下(施良方，2001)：

(1)学生表现出一种有意义学习的倾向，即有将新信息与已有知识建立联系的倾向。

(2)学习内容对学生具有潜在意义,即能够与学生已有的知识结构联系起来。

认知同化学习理论的特点在于运用不同方式促进学生的有意义学习。项目化学习从问题的设计、研究到得出结论,是与学生的原有知识基础、天赋特长、兴趣爱好紧密相连的,因此学生在进行探究时是遵循奥苏贝尔的认知同化学习理论的。

项目化学习能够调动学生学习的积极性,使其产生有意义学习的倾向,并有机会将新旧知识建立联系,在解决问题中综合运用知识。因此,奥苏贝尔在认知同化理论基础上提出的有意义学习理论为项目化学习打下了坚实的心理学基础。

(二)关于项目化学习促进创新素养培育的实证研究

早期人们认为创新能力是少数人的专属,这种创造天赋使得他们在推动人类的文明进步方面发挥了重要作用。后来学者逐渐认识到创新能力并非少数人专属,而是一种人人皆具备的、多元化的能力和品质。

几乎所有研究达成的共识是,创造性很难通过传统的基于讲座的教学方法习得。吉里(Geary)关于生物主要能力(biologically primary abilities)的理论对这个问题提供了生物学层面的解释。根据他的理论,生物的主要能力和技能,诸如第一语言、社会能力、问题解决能力和创造性,是在漫长的积累实践、获得反馈、改进等过程中形成的,不可能通过一次短短的演绎式教学就可以习得。换句话说,生物主要能力和技能的形成是一个“精耕细作”的过程。

而项目化学习提供了新的可能性,Hung (2015)分析了项目化学习指向创造力培养的不同维度,涵盖项目化学习所引发的学生内在需求、问题本身的开放性和新颖性、深入的社会性互动，以及通过小步骤的创造性积累的过程，进而提出项目化学习不仅充满了各种能够彰显学生创造性的契机，而且还加快了这一“精耕细作”的过程。

从实证研究的数据来看，绝大多数元分析支持项目化学习在知识获取深度上优于传统的教学方法，尤其是在知识深度和灵活性这两个指标上。研究表明，经过项目化学习，学生的知识理解更为深入、灵活，保留的时间更为持久，项目化学习对学生的创造性思维有直接的显著影响。

斯特罗(Storer)所做的准实验研究考察了项目化学习对学生创造力的直接影响，研究自变量为学生是否参与项目化学习，因变量为学生创造力水平。该研究在同一所学校的不同班级中分别设置了实验组和对照组，创造力水平采用“托兰斯创造性思维测验”方法进行了前后(参加项目化学习前后)测量。研究结果表明，为期六周的项目化学习课程干预对学生的创造力产生了显著的影响。

还有研究者研究了项目化学习和在线学习相结合对提高学生创造性思维的有效性，实验组进行了项目化学习和在线学习，而对照组则进行了更多的传统学习。研究结果表明，项目化学习和在线学习能够有效地改善学生的创造性思维(夏雪梅，2018)。

克拉奇克(Krajcik)等人(1994)的研究探讨了在初中科学教师学习中应用项目化教学的协作模型。研究结果显示，通过合作学习和项目化教学，教师能够更好地理解和应用项目化学习的原则和策略，并将其引入课堂实践中，促进学生的创新素养提升和创造更多学习成果。

Krajcik 和 Shin (2014)在其著作中综述了项目化学习的研究。他们指出，项目化学习可以提高学生的创新能力、解决问题的能力和跨学科思维能力。通过参与实际项目和情境，学生能够应用知识解决现实问题，并培养创新和实践的能力。

这些研究提供了项目化学习在不同学段和学科领域中促进创新素养培育的实证。它们探讨了项目化学习对学生创新能力、问题解决能力、实践经验和跨学科能力的影响，提供了理论和实践的支持，强调了项目化学习在促进学生的创新素养提升方面的积极影响。

七、项目化学习中创新素养培育研究的价值

项目化学习中创新素养培育是指通过项目化学习的方式，培养个体创新思维，使其具备在不同领域和情境中提出创新解决方案的能力。项目化学习中创新素养培育研究具有重要的研究价值，具体表现在以下几个方面。

（一）深入理解创新素养的本质

创新素养是一个复杂的概念，包括创造力、批判性思维、解决问题的能力、合作能力等多个方面。通过项目化学习中的创新素养培育研究，人们可以深入理解创新素养的本质和组成要素，揭示创新素养培育的关键环节和影响因素。

（二）促进教育改革和创新教育实践

创新素养是未来社会所需的核心能力之一，对于培养适应快速变化的社会和职业需求的学生具有重要意义。研究项目化学习中创新素养培育的有效方法和策略，可以为教育改革和创新教育实践提供指导和依据，推动教育体制的变革和教育教学方式的创新。

（三）推动学科融合和跨学科教育

项目化学习强调学科知识的整合和跨学科的学习体验。研究创新素

养培育在项目化学习中的跨学科教育实践，可以推动学科融合和跨学科教育的发展。这对于培养学生的综合能力、解决复杂问题的能力以及应对现实挑战的能力具有重要意义。

（四）促进学生的自主学习和创新能力发展

项目化学习鼓励学生在实际问题和项目中进行自主学习和创新实践。研究创新素养培育如何促进学生的自主学习能力和创新能力发展，可以为教育者提供有效的教学策略和指导，激发学生学习的主动性和创造性思维。

（五）评估和评价创新素养的有效性

创新素养的评估是一个重要的挑战，传统的评估方法难以全面捕捉学生的创新能力。研究项目化学习中创新素养培育的评估方法和工具，可以为创新素养的测量提供参考，为评估学生的创新能力提供有效的手段和指标。

总体来说，项目化学习中创新素养培育的研究价值在于深入理解创新素养的本质，促进教育改革和创新教育实践，推动学科融合和跨学科教育，促进学生的自主学习和创新能力发展，以及评估和评价创新素养的有效性。这些研究价值有助于提升教育的质量和学生的综合能力，推动社会的创新与进步。

第二章　初中物理项目化学习中创新素养培育的内容研究

初中物理项目化学习中创新素养培育研究课题组选取我校(聊城经济技术开发区实验学校)八、九年级全体学生为研究对象,从理论与实践两个层面对初中生创新素养的培育进行了综合研究。为了使创新素养培育与初中物理学科课程有效融合与落地,课题组根据课题研究的规范要求,制定了整体研究框架(见图 2-1),并重点开展了下列研究:

(1)理论体系研究。研究相关文献、政策、标准等(主要有初中生创新素养的内涵要素、项目化学习的主要特点和设计框架、义务教育物理课程标准、初中物理学科核心素养等),为课题研究找到理论支撑。

(2)目标体系研究。在理论研究基础上,梳理初中物理学科核心素养和初中生创新素养培育指标,细化指标并明确培育要点,形成初中物理学科核心素养和初中生创新素养培育的目标框架等。

(3)内容体系研究。基于理论体系、目标体系和项目化学习设计的重要维度,开展梳理初中物理学科核心知识与技能、设计驱动性问题、澄清高阶认知策略、明确学习实践类型、确定学习成果形式等研究。

(4)评价体系研究。形成创新素养培育评价量规,依托量规实施过程性评价与终结性评价,评估反思创新素养培育效果。

(5)实践体系研究。依据目标体系和内容体系,制定项目实施节点规划、项目实施进程管理、项目实施核查清单等,最终形成项目实施工作方案(详见第三章)。

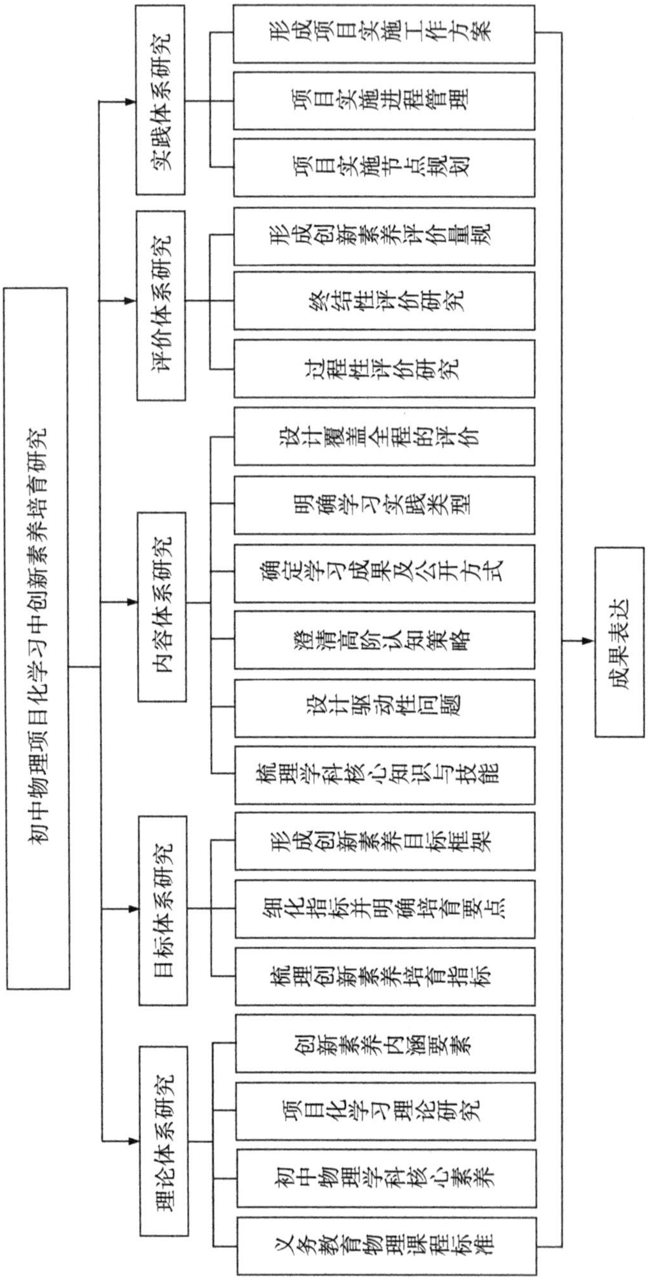

图2-1 初中物理项目化学习中创新素养培育研究的整体框架

一、理论体系研究

在理论体系研究中，课题组从义务教育课程方案和义务教育物理课程标准出发，通过深入研究创新素养的构成要素和项目化学习的理论基础，揭示了创新素养、项目化学习和初中物理核心素养之间的内在逻辑，明确了项目化学习作为一种新的学与教的方式，体现了创新素养的基本内涵，符合当前素养导向的课程改革方向，并在此基础上建构了创新素养视角下初中物理项目化学习的设计框架。

（一）初中生创新素养的构成要素、行为表现和形成特点

本书的研究对象是义务教育阶段的初中学生，关于创新素养的讨论将集中在甘秋玲等(2020)学者所提出的创新素养框架建构、内涵阐释与行为表现内，创新素养的描述及行为举例如表 2-1 所示。

表 2-1　创新素养的描述及行为举例

要素	描述	行为举例
创新人格	具有好奇心、开放心态、敢于冒险、勇于挑战、独立自信等特质	1.好奇：有很强的好奇心和旺盛的求知欲，对事物运行机制有浓厚的认识兴趣； 2.开放：具有开放心态，愿意接纳新生事物，不断拓宽视野； 3.冒险：敢于冒险，能容忍不确定性； 4.挑战：勇于挑战，坚持不懈，面对批评、挫折有韧性； 5.独立：对事情有自己的观点，具有较强的自主性、独立性； 6.自信：对自身的创造性有信心，进取心强； 7.内驱：在活动中受内在动机的驱动

续表

要素	描述	行为举例
创新思维	通常包括对开展创新活动有帮助的发散思维、聚合思维、重组思维等	1.能够沿着不同的方向进行发散性思考，从多个角度寻求解决问题的途径； 2.能根据一定的目的，将多种思路和各种信息梳理聚焦，进行系统分析与推理，以求得有效的解决方案； 3.能根据需要，把已有的几种事物（或者其部分）进行重组、整合，生成新的、具有更优功能效果的新事物
创新实践	参与并投入旨在产生新颖且有价值的成果的实践活动	1.从多个角度对目标进行澄清和分解，或者对问题进行识别和表征； 2.围绕目标或问题，能搜集不同来源的信息或资源； 3.付诸行动，通过引入新的思路和方法，或者对已有解决方案进行重组，以产生创意或解决问题； 4.选择特定主题，开展创新实践活动，形成作品等各种形式的成果

甘秋玲研究团队在深入调研已有研究的基础上建构了创新素养的框架并对素养要素的内涵进行了阐述（甘秋玲等，2020）。创新素养包括创新人格、创新思维和创新实践三个要素。创新人格侧重于情意因素；创新思维侧重于内在的思维过程和方法；创新实践侧重于外显的行为投入，它是创新素养落地的重要抓手。该团队将创新素养解构为上述三个方面，并通过举例描述了创新素养的行为表现，进而对如何培养中小学生的创新素养提出了可行性建议。

对创新素养的深入分析能够帮助人们更清晰地认识如何培养学生的创新能力。创新人格是学生主动探索和积极表现的精神特征，如好奇、开放、冒险、挑战、独立、自信、内驱等；创新思维是学生独立思考、发散想象和尝试解决问题的思维特征，如发散思维、聚合思维、重组思维等；创新实践是将创新想法付诸实施的过程，是学习者持续探索的基本途径，如问题表征、目标澄清、搜集信息、创新方法、形成成果等。

山东省教育厅发布的《关于加强新时代学生创新素养培育体系建设的意见》中也提出了创新素养的内涵，即创新人格、创新思维和创新实践。创新人格是创新的动力系统，包括创新意识、创新情感与态度、创新动机与意志，以及创新信念、使命和价值取向等；创新思维是创新的智慧系统，包括发散性思维、聚合性思维、逆向思维、直觉思维、辩证性思维、批判性思维等；创新实践是将创新的想法付诸实施的过程，体现的是创新能力和知行合一精神。

米哈里·契克森米哈伊在《创造力：心流与创新心理学》(*Creativity—Flow and the Psychology of Discovery and Invention*)中总结了创造性人格的10条特征：

(1)富有创造力的人精力充沛，但也常常很安静。

(2)富有创造力的人往往很聪明，但同时也很天真。

(3)富有创造力的人兼具顽皮性和纪律性。

(4)富有创造力的人总在幻想和现实之间交替。

(5)富有创造力的人在外向和内向之间有着相反的倾向。

(6)富有创造力的人同时也非常谦虚和自豪。

(7)富有创造力的人在一定程度上具有双性化的倾向。

(8)富有创造力的人往往被认为是叛逆和独立的。

(9)富有创造力的人都对工作充满热情。

(10)富有创造力的人既有开放性又有敏感性。

罗伯特·弗兰肯(Robert E. Franken)在《人类动机》(*Human Motivation*)

中提出激发人们创造力的三个原因：

(1)需要新颖、多样、复杂的刺激。

(2)需要交流想法和价值观。

(3)需要解决问题。

Hung(2015)对创新素养的形成特点做了如下阐述：

(1)需求开始。创新素养不能凭空产生，它是从解决问题的需求开始萌发的。

(2)问题解决驱动。当有了解决问题的需求，学生就会调动一切自身资源来寻求一个最合适的解决方案，即学习被问题解决所驱动。

(3)追求原创新颖。解决问题并不总是能产生创新素养，其具有创新性的充分条件是解决方案要具有原创性和新颖性。

(4)获得社会认可。具有了原创性和新颖性还是不够的，创新性想法并不是任何天马行空的新奇想法，它还要被社会或领域内的同行专家所认可。

(5)领域特性。学生往往是在自己比较熟悉的、知识技能积累比较丰富的领域中产生出创新性想法，所以创新素养的形成是有领域特性的，即在某一个特定领域内发展出创新素养。

(6)小步累积。学生的领域知识、思维方法等微小进步的逐渐积累最终会促生出创新素养。

简而言之，创新素养是在一个由需求引发的解决问题的过程中形成的，是在扎实的特定领域知识推动下，通过重构知识、重定义问题或从不同角度重新审视问题，并通过积累朝着目标前进的小进步，加上时间和努力，激发新见解，产生被社会认可的产品来实现的。

初中生创新素养的构成要素、行为表现和形成过程如表 2-2 所示。

表 2-2　初中生创新素养的构成要素、行为表现和形成过程

<table>
<tr><th>构成要素</th><th>行为表现</th><th>形成过程</th></tr>
<tr><td>创新人格</td><td>好奇、开放、冒险、挑战、独立、自信、内驱</td><td rowspan="3">①需求开始 → ②问题解决驱动
↓
⑥小步积累　③追求原创新颖
↑　↓
⑤领域特性 ← ④获得社会认可</td></tr>
<tr><td>创新思维</td><td>发散思维、聚合思维、重组思维</td></tr>
<tr><td>创新实践</td><td>问题表征、目标澄清、搜集信息、创新方法、形成成果</td></tr>
</table>

(二)2022 年版义务教育课程方案和物理学科课程标准

1.义务教育课程方案和课程标准的修订背景

第一,智能时代提出新挑战。在智能时代,个人发展面临全新的要求。未来的工作环境将强调个体要适应高科技背景,具备解决复杂问题的能力,并能够通过团队协作进行创新工作。社会变革的加速意味着个体需要快速适应新的环境。工作和生活的流动性增加要求人们具备持续学习和终身学习的能力,以适应不断变化的生活节奏和环境特性。

1997 年,OECD 启动研究,旨在探讨 21 世纪个体所需的核心素养。各国普遍将核心素养置于课程标准的核心位置,致力于设计和整合围绕这些素养的课程。在全球基础教育领域,共识已经形成,即需要围绕核心素养进行课程设计和整合,同时探索能够促进这些素养发展的学习、教学和评价模式。

第二,当前义务教育存在不适应的地方。举例来说,课程目标体系尚不完善,整体目标与学科课堂目标之间的衔接不清晰,导致课程目标在实际教学中出现割裂现象。此外，教学和评价的程度规定也需要改进，课标仅规定了“学什么”，却缺乏对“学到什么程度”的具体规定。课程的纵向和横向一体化设计方面，学段之间的有机衔接不够，幼儿园与小学、小学与初中的衔接需要强化。同时，各学科之间横向协调不足，导致育人价值难以有效整合等，这些问题也亟待解决。

第三，党和国家提出新要求。党的十八大以来，国家陆续出台多项教育方针。例如，《教育部关于全面深化课程改革　落实立德树人根本任务的意见》(2014年)提出：研究制订学生发展核心素养体系和学业质量标准。要根据学生的成长规律和社会对人才的需求，把对学生德智体美全面发展总体要求和社会主义核心价值观的有关内容具体化、细化，深入回答“培养什么人、怎样培养人”的问题。依据学生发展核心素养体系，进一步明确各学段、各学科具体的育人目标和任务，完善高校和中小学课程教学有关标准。

《中华人民共和国义务教育法》(2018年)的第三条提出：义务教育必须贯彻国家的教育方针，实施素质教育，提高教育质量，使适龄儿童、少年在品德、智力、体质等方面全面发展，为培养有理想、有道德、有文化、有纪律的社会主义建设者和接班人奠定基础。第三十四条提出：教育教学工作应当符合教育规律和学生身心发展特点，面向全体学生，教书育人，将德育、智育、体育、美育等有机统一在教育教学活动中，注重培养学生独立思考能力、创新能力和实践能力，促进学生全面发展。

《中共中央、国务院关于深化教育教学改革全面提高义务教育质量的意见》(2019年)提出：加强劳动教育。充分发挥劳动综合育人功能，制定劳动教育指导纲要。优化综合实践活动课程结构。优化教学方式。探索基于学科的课程综合化教学，开展研究型、项目化、合作式学习。严格按课程标准零起点教学，小学一年级设置过渡性活动课程，注重做好幼小衔接。

2.义务教育课程方案和课程标准主要变化及其理念解读

《义务教育课程方案和课程标准(2022年版)》有六个主要的变化:

(1)凝练核心素养模型,统整课程共通和独特育人价值。

(2)重构课程内容体系,突出围绕大观念的学科整体结构。

(3)整合生活逻辑与学科逻辑,加强课程一体化。

(4)研制学业质量标准,树立素养本位学业成就观。

(5)变革课程学习方式,强调跨学科主题学习。

(6)优化内容标准呈现方式,改善课标指导性和操作性。

下面依次简述六个变化背后的基本逻辑和学理依据。

(1)以核心素养为纲,建立育人为本的教育目标体系。2005年,OECD指出:"素养不只是知识与技能。它是在特定情境中,通过利用和调动心理社会资源(包括技能和态度),以满足复杂需要的能力。"中国学生发展核心素养分为文化基础、自主发展、社会参与三个方面,综合表现为人文底蕴、科学精神、学会学习、健康生活、责任担当、实践创新六大素养,具体细化为国家认同等十八个基本要点。

学科核心素养是个体在面对复杂的、不确定的现实生活情境时,综合运用特定学习方式所孕育出来的,结构化的(跨)领域知识和技能,(跨)学科观念、思维模式和探索技能,世界观、人生观和价值观,分析情境、提出问题、解决问题、交流结果过程中表现出来的综合性品质。

(2)重构和优化课程内容,突出学科整体结构。课程内容的组织形态与呈现方式是本次修订的重要突破口,直接指向素养目标的落实,指向育人方式的改革。围绕大观念和综合性主题,整体规划课程内容,强调知识和技能的结构化,强调(跨)学科实践,渗透(跨)学科思维方式和探究技能。

围绕大观念组织的义务教育物理课程内容结构是:教师在教授物理课程时,以学科核心概念为核心创设各种各样的任务场景,让学生在解决问题的过程中,不只是去掌握那些零碎的知识,而且要在这个过程中慢慢渗透,让学生形成学科核心概念和跨学科概念,让学生学会站在概念的角度理解问题、认识现象。

(3)加强课程一体化设计,提升课程综合性和系统性。加强课程一体化设计是本次教育改革中的关键举措。在横向层面,提高课程综合性;在纵向层面,提高课程系统性和科学性。物理课程按照由现象到本质的逻辑,进阶式设计学科核心概念在不同年级的学习内容和预期理解。

(4)研制学业质量标准,树立素养本位的学业成就观。以核心素养为纲,整合重构后的课程内容,整体刻画学生学业质量的表现特征。素养本位的学业质量标准的价值是:明确育人方向和质量要求,阐明学生核心素养的发展阶段及其具体特征;指导教师根据学生素养水平,整合课程内容,选择课程资源,设计教学方法和策略,转变学科育人模式;为各级各类考试和评价提供上位的价值方向、理论框架和水平依据。

(5)变革课程学习方式,强调跨学科主题学习。强调课程综合性和实践性是此次修订的重点之一,各门课程用不少于10%的课时设计跨学科主题学习。跨学科主题学习或实践有如下特点:①是以核心素养为育人指向的综合性、探究性学习方式;②以真实的、整合性情境下有现实意义的综合性主题、任务、项目或问题为载体;③让学生不断实践反思、社会互动或协作,探索、获取和运用学科知识,历练(跨)学科思维和实践能力,形成并发展大观念;④培养学生批判性思维、沟通合作能力、创新能力、坚韧品质、社会责任感等。

(6)优化内容标准呈现方式,改善课程标准指导性和操作性。同一内容模块采用内容要求、教学提示、学业要求的结构设计,目的是改变以零碎知识点为纲的内容呈现方式，促进育人方式变革。内容要求明确了学习什么内容，教学提示指出了采取什么样的学习和教学方式，学业要求强调了需要学到什么程度。

3.如何落实物理课程的课程理念

《义务教育物理课程标准(2022 年版)》的课程理念，是以“面向全体学生，培养学生核心素养”为课程目标，以“从生活走向物理，从物理走向社会”为课程内容，以“主题为线索”构建课程结构，以“注重科学探究，倡导教学方式多样化”为教学方式，以“发挥评价的育人功能，促进学生核心素养发展”为评价标准。想要落实好新的课程理念，至少应该从以下两个方面去努力。

第一，在课程层面，以核心素养为主轴，统整学科内容。探索不同范围和深度的跨学科整合课程，采取超越内容取向的课程模式，反思学科本质及其育人价值。

在课程设计时，依据学科核心素养和学业质量标准，明确课程内容所能承载的素养内涵和水平，确定课程、教学和评价共享的育人指向和质量要求；依据大概念对课程内容进行梳理，以大概念为核心重组学科知识和技能，渗透学科实践，搭建事实或现象、主题或功能、策略或方法、概念或原理之间的联系；从学生日常生活出发，创设有意义的现实主题和真实情境，设计贴近学生经验、螺旋上升的任务或项目序列。

第二，变革课堂教学方式，设计和实施素养导向的单元教学。超越课时主义和以知识点为中心的教学方式，探索情境化、探究式、深度学习的课堂形态，重视情境创设、知识整合、学生自主或合作建构知识的过程；探索素养导向的学科主题式、问题式或项目化单元教学理论框架和实践模式。

素养导向单元案例设计的关键要素包括：①整合性的真实情境；②有

意义的开放性任务或驱动性问题;③强调概念性理解和实践,重视观念、思维和实践能力的建构、整合和运用;④学习过程是不断生成问题、不断解决问题的过程;⑤学生对学习负责,通过实践性反思、社会性互动与合作开展探究;⑥关注学习过程,使学习过程显性化;⑦重视学习结果的社会性展示与交流;⑧与设计理念一致的表现性评价。

(三)项目化学习与创新素养之间的内在逻辑

《义务教育课程方案和课程标准(2022年版)》中提出探索大单元教学,积极开展主题化、项目式学习等综合性教学活动;《义务教育物理课程标准(2022年版)》中也提及,可通过项目式学习让学生体会科学家所取得的成就及其对社会发展的贡献。可见,项目化学习符合新课程方案和课程标准的要求。

1.项目化学习与创新素养之间具有内在一致性

项目化学习具有以下主要特点:

(1)真实问题的驱动。项目化学习通常是由真实的问题来驱动的,这可以激发出学生的好奇心和挑战欲望,使学生获得解决问题的需求。

(2)驱动问题开放性。用来驱动项目化学习的问题一般要具有开放性,即问题没有固定和标准的答案,学生可以充分利用自己的开放心态和冒险精神去寻找最适合的解决方案,为追求原创性和新颖性提供了广阔的空间。

(3)项目问题结构化。要完成一个项目通常需要解决一连串问题,项目包含的问题往往具有由易到难的结构特征,这就会促使学生充分调用多种思维方式去思考如何解决一系列问题,于是学生的学习由问题解决所驱动而主动发生。

(4)小组合作式学习。项目化学习多采用小组合作学习的形式来开展，这就要求学生个体产生的独特新颖的想法要首先获得小组其他成员的认可。

(5)真实的问题情境。项目化学习强调在真实的问题情境中解决实际的问题，通过真实问题的解决，学生可以实践抽象概念和技能在特定领域内的应用。

(6)从简单到复杂，从原有知识基础上建构新知识。项目化学习围绕从简单到复杂的问题来构建内容知识，解决当前问题所需的知识将基于从上个问题解决过程中所学到的知识，学生由此通过迭代在原有知识基础上建立新知识。

由此可见，项目化学习的主要特点与创新素养的形成特点之间具有内涵一致性，如表 2-3 所示。

表 2-3　项目化学习与创新素养的形成之间的内涵一致性

项目化学习	①真实问题的驱动	→	①需求开始	创新素养
	②驱动问题开放性	→	②追求原创新颖	
	③项目问题结构化	→	③问题解决驱动	
	④小组合作式学习	→	④获得社会认可	
	⑤真实的问题情境	→	⑤领域特性	
	⑥从简到繁构新知	→	⑥小步积累	

2.物理学科项目化学习的基本内涵

《义务教育课程方案和课程标准(2022 年版)》的颁布，拉开了以全面促进中小学生核心素养发展为目标的教学改革序幕。国内外最新教育研究证实，项目化学习能有效促进学生核心素养的发展，尤其对学生的科学概念建构、创造性思维发展、科学问题解决能力和学业成就有着显著的促进作用(罗莹等,2021)。

夏雪梅博士(2020)指出项目化学习具有以下四个基本特征:一是指向核心知识的再建构;二是创建真实的驱动性问题和成果;三是用高阶学习代替低阶学习;四是将素养转化为持续的学习实践。物理学科项目化学习是基于物理学科中的核心概念和关键能力的项目化学习。它将项目化学习的设计要素融入物理学科教学,将低阶认知包裹入高阶认知,在不降低学科学业成绩和保证基本知识和技能不损失的情况下,通过项目化学习的设计来培养学生解决问题、元认知、批判性思维、沟通与合作等重要的能力。

物理学科项目化学习是学科知识在情境中的再建构与创造,它将学科概念作为聚合器,不断地聚集更多的知识信息,将事实性的知识整合起来。项目化学习的设计会涉及多种类型的情境,如历史情境、现实情境、艺术情境、工程情境等,而物理学科在贡献各种情境方面又有着天然的优势。例如,可以将核心知识放还到物理历史情境中,让学生体验物理概念、物理规律的真实演变历程;可以将核心知识放还到现实情境和工程情境中,让学生体会物理知识、物理技能如何在日常生活中解决真实的问题。

3.创新素养视角下初中物理项目化学习的设计框架

夏雪梅博士提出了项目化学习设计的六个维度,即寻找核心概念(核心知识)、形成驱动性问题(驱动性问题)、澄清高阶认知策略(高阶认知)、确认学习实践活动(学习实践)、明确学习成果形式(公开成果)和设计项目学习评价(全程评价)。这六个维度既是项目化学习设计的六个要素,也是实际设计时可以参考的六个步骤。

创新素养视角下初中物理项目化学习的设计,基于上述步骤又融入了马扎诺等人(2015)提出的若干学习维度和策略,特别是思维习惯维度中的创造性思维培养和有意义地运用知识维度中创见、问题解决与实验探究等策略，以期着重培养学生的创新素养，整体设计框架如图 2-2 所示。

创新素养视角下初中物理项目化学习的框架设计思路为：①通过梳理初中物理学科核心概念和核心知识，找到适合的学科概念并以此为单位确立项目化学习的主题；②在每个主题当中，进一步梳理相关概念下的基本知识和基本技能，进而确定该主题的学习目标，学习目标包括知识技能目标、学科素养目标和创新素养目标，然后围绕学习目标形成该主题的本质问题；③给本质问题添加任务和情境，从而将本质问题转化为驱动性问题；④要澄清完成该主题学习任务时需要使用的高阶认知策略有哪些，主要的学习实践活动有哪些；⑤明确该主题的学习成果形式；⑥设计指向该主题学习目标的覆盖项目化学习全程的评价。

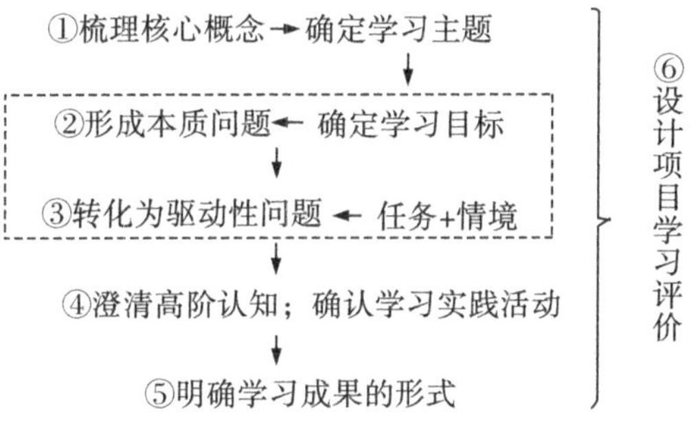

图 2-2　创新素养视角下初中物理项目化学习设计框架

项目化学习是系统的学习设计，核心知识、驱动性问题、高阶认知、学习实践、公开成果和全程评价这六个维度在创新素养视角下初中物理项目化学习中应当表现出双线并行的特征，也就是说它的设计一方面是基于初中物理核心素养，另一方面又指向学生的创新素养发展，如图2-3所示。创新素养视角下初中物理项目化学习的设计体现了将物理学科教与学方式的变革同真实问题情境的整合，体现了初中物理核心素养和学生创新素养发展的融合。

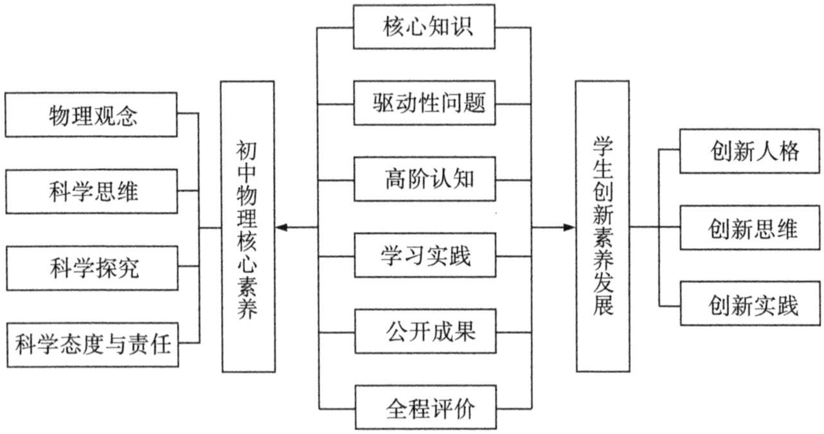

图 2-3　物理项目化学习的双线并行特征示意图

4.初中生创新素养和物理项目化学习间的内在关系

项目化学习不仅充满了各种能够彰显学生创新素养培育的契机，而且还加快了这一能力形成的过程。在项目化学习过程中，学生将从被动接受知识转变为主动体验和发现知识，从机械记忆知识转变为灵活运用知识来发展创新思维与创新品质。本部分将从核心知识、驱动性问题、高阶认知、学习实践、公开成果到全程评价这六个方面，分析项目化学习是如何指向创新素养的构成要素和物理学科的核心素养。

(1)核心知识。什么样的知识适合项目化学习？

在知识分类中，安德森(Anderson，2000)将知识分为四类：

①事实性知识，指学生通晓一门学科所了解的基本要素。

②概念性知识，指与分类和类别相关的知识、原理和通则，以及理论、模型和结构的知识。

③程序性知识，指做某事的方法、探究的方法以及使用技能的准则。

④元认知知识，指关于认知的知识。

实证研究表明，学生在项目化学习中学习的是概念性知识。

既然项目化学习聚焦的是概念性知识，那么它对帮助学生提炼与升华物理概念和规律十分有利，因此有助于学生形成"物理观念"。

(2)驱动性问题。用什么样的问题驱动学生主动投入思考？

创新素养的形成是从解决一个特定问题的需求开始的。在项目化学习中，学生领域知识的获取和应用是由解决问题的需求来指导和驱动的。一个好的驱动性问题应该包含三个特点：

①激发好奇心，让学生对解决问题产生浓厚的兴趣。

②具有开放性，一个开放性的问题能给学生提供创造性解决问题的可能空间。

③具有挑战性，驱动性问题应该是对学生的思维和价值观有挑战性的问题。

驱动性问题的这些特点与创新人格的行为特点极其相符。

(3)高阶认知。怎样让学生持续探索驱动性问题呢？

要引起学生的持续性探索，就要对项目化学习中的高阶认知策略进行设计。结合马扎诺(2015)的学习维度框架，重点分析创见、决策和实验三种高阶策略：

①创见是通过形成原创性的产品或过程以满足具体需要的过程，创见中会运用大量的发散性思维。

②决策是提出或运用标准，并借助推理，从几种方案中做出选择的过程。在决策中学生会大量运用聚合思维和重组思维。

③实验是对所观察的现象提出解释并进行解释的过程，为了验证某条定律或某个猜想，学生会进行大量的物理实验。

创见和决策两种高阶认知策略有利于培养学生的创新思维与科学思维，而实验策略则有利于培养学生的"科学探究"素养。

(4)学习实践。怎样让学生经历有意义的学习实践？

在物理项目化学习的设计中，应该尽可能让学生像真正的物理学家那样遇到真实的问题并进行决策、思考和解决。在物理课程中，学生主要经历两种学习实践：

①探究性实践，是从真实的物理情境中产生问题，经过与原有领域知识建立联结、抽象后，再次回到真实情境，产生迁移的过程。

②社会性实践，是指通过沟通和交流的方式获取信息，与他人建立共同解决问题的社会性联系。

探究性实践指向培养学生的科学探究素养，探究性实践和社会性实践共同指向学生创新素养培育中的“创新实践”要素。

(5)公开成果。什么样的成果才是有价值的？

项目化学习成果是指在项目化学习结束时产生的作品、产品、报告等。项目化学习的成果类型有很多，在物理课程中将其分为两大类：

①强调“做和表现”的制作表现类成果。

②主要强调“说和写”的解释说明类成果。

两类成果可以同时产生，也可以单独产生，但公开成果往往是学生的科学态度与责任的最直接体现。

(6)全程评价。怎样促使学生个人和小组团体共同进步？

项目化学习的评价应指向学习目标，具有目标、实践、成果、评价的一致性。全程评价包括：

①过程性评价，主要考察学生的认知策略和实践过程。在小组合作学习实践过程中，每个小组成员产生的想法都要经过同组成员的检验，以确保个人想法或产品被小组所认可，这就提供了一个第一层级的社会效度检验。

②结果性评价，主要考查学生最终的学习成果，往往由学科教师完成评价。教师对学生表现的评价是第二层级的社会效度检验。

通过以上分析，可以得出初中生创新素养的主要特点和物理项目化学习的基本内涵具有的内在关系（见表2-4）。

表2-4　初中物理核心素养、项目化学习与创新素养构成要素之间的一致性关系

初中物理核心素养	项目化学习设计维度	创新素养构成要素	创新素养形成特点
物理观念	核心知识 （概念性知识）	—	积累领域知识， 获得领域特性
	驱动性问题 （好奇、开放、挑战）	创新人格	从特定需求开始， 由问题解决驱动
科学思维	高阶认知 （创见、决策、实验）	创新思维	创造性和新颖性
科学探究	学习实践 （探究性实践、社会性实践）	创新实践	领域特性的科学实践
科学态度与责任	公开成果	—	微小进步的积累
	全程评价	—	社会效度

二、目标体系研究

在目标体系研究中，研究人员在理论研究的基础上，梳理了初中物理核心素养和初中生创新素养的培育指标，细化指标并明确了培育要点，形成了初中物理核心素养和初中生创新素养培育的目标框架。

(一)初中物理核心素养培育的目标框架

在《义务教育物理课程标准(2022 年版)》中,关于课程目标,涉及核心素养、目标要求、学业要求、学业质量等概念。

核心素养是课程育人价值的集中体现,是学生通过课程学习逐步形成的适应个人终身发展和社会发展需要的正确价值观、必备品格和关键能力。

目标要求是通过义务教育物理课程的学习,围绕核心素养的要求,学生应达到的目标。

学业要求是学生在完成义务教育物理课程某个一级主题内容学习后的学业成就表现,反映该主题的核心素养要求。

学业质量是学生在完成义务教育全部物理课程学习后的学业成就表现,反映核心素养要求。

核心素养、目标要求、学业要求、学业质量之间的逻辑关系如图 2-4 所示。

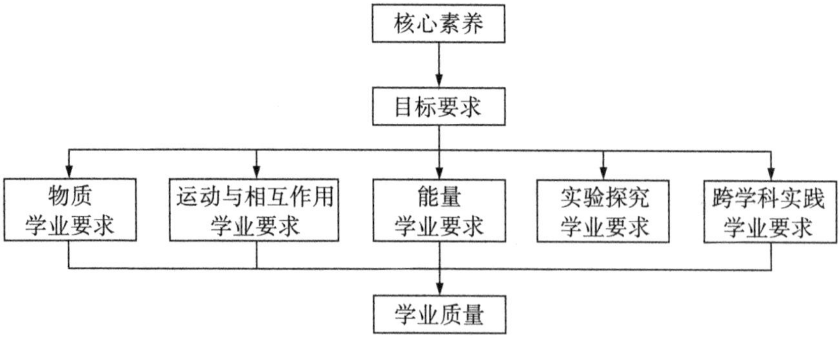

图 2-4　核心素养、目标要求、学业要求、学业质量关系图

1.初中物理核心素养的要求

初中物理核心素养包括物理观念、科学思维、科学探究和科学态度与责任四个方面,表 2-5、表 2-6、表 2-7 和表 2-8 分别对各素养从核心素养、目标要求、学业要求和质量标准四个层面进行了详细的说明。

表 2-5　学科核心素养之物理观念

课程目标	物理观念(物质观、运动和相互作用观、能量观)
核心素养	物理观念是从物理学视角形成的关于物质、运动和相互作用、能量等内容的总体认识,是物理概念和规律等在头脑中的提炼与升华,是从物理学视角解释自然现象和解决实际问题的基础。 物理观念主要包括物质观念、运动和相互作用观念、能量观念等要素
目标要求	认识物质的形态、属性及结构,认识运动和力、声和光、电和磁,认识机械能、内能、电磁能及能量的转化与守恒;能将所学物理知识与实际情境联系起来,能从物理学视角观察周围事物,解释有关现象,解决简单的实际问题;初步形成物质观念、运动和相互作用观念、能量观念
学业要求	1.物质 能描述固态、液态和气态的基本特征及在相互转化过程中的特点,说出生活中常见的温度值,知道质量的含义,理解密度,说出物质世界从宏观到微观的大致尺度;能根据这些知识解释有关自然现象,尝试运用这些知识解决日常生活中的有关问题,形成初步的物质观念
	2.运动和相互作用 了解机械运动、分子热运动、声和光、电和磁,了解重力、弹力、摩擦力,通过牛顿第一定律和力的作用效果,认识机械运动和力的关系;能用这些知识解释自然界的有关现象,解决日常生活中的有关问题,形成初步的运动和相互作用观念

续表

课程目标	物理观念(物质观、运动和相互作用观、能量观)
学业要求	3.能量 能列举能量转化和转移的实例,知道能量在转化和转移过程中是守恒的,认识机械功、热量、电功、热值等是与能量转化或转移密切相关的物理量,知道它们的含义;能用能量转化与守恒的观点解释常见的自然现象,解决日常生活中的有关问题,形成初步的能量观念
	4.实验探究 能通过物理实验建构物理概念,深化对物理规律的认识,领悟其内涵及相互联系;有将实验探究方法及安全操作规范等运用于解决日常问题的意识,能根据所学知识和说明书等解决现实中的简单问题
	5.跨学科实践 能在跨学科实践中综合认识所涉及的知识;能用物理及其他学科知识解释与健康、安全等有关的日常生活问题,探索一些简单的工程与技术问题,分析与能源、环境等有关的社会热点问题,初步具有运用跨学科知识解决简单问题的能力
质量标准	能认识物质的形态、属性及结构,认识运动和力、声和光、电和磁,认识机械能、内能、电磁能及能量的转化与守恒,掌握所学的物理概念和规律;在学习和日常生活中,能从物理学视角观察事物,把所学概念和规律与实际情境联系起来,解释常见自然现象和解决常见物理问题;能综合运用物理概念和规律,分析和解决熟悉情境下的简单物理问题,初步具有物理观念

表 2-6　学科核心素养之科学思维

课程目标	科学思维(模型建构、科学推理、科学论证、质疑创新)
核心素养	科学思维是从物理学视角对客观事物的本质属性、内在规律及相互关系的认识方式;是建构物理模型的抽象概括过程;是分析综合、推理论证等方法在科学领域的具体运用;是基于事实证据和科学推理对不同信息、观点和结论进行质疑和批判,予以检验和修正,进而提出创造性见解的品格与能力。 科学思维主要包括模型建构、科学推理、科学论证、质疑创新等要素
目标要求	会用所学模型分析常见的物理问题;能对相关问题和信息进行分析并得出结论,具有初步的科学推理能力;有利用证据对所研究的问题进行分析和解释的意识,能使用简单和直接的证据表达自己的观点,具有初步的科学论证能力;能独立思考,对相关信息、方案和结论提出自己的见解,具有质疑创新的意识
学业要求	1.物质 知道建构模型是物理研究的重要方法,了解原子的核式结构模型;能通过实验或实例,归纳总结物态变化过程中的吸、放热规律;在归纳或演绎中会引用证据,养成使用证据的习惯;能运用物质的弹性、磁性、导电性等知识,对一些说法进行质疑,发表自己的见解
	2.运动和相互作用 知道匀速直线运动、杠杆、光线等物理模型;能运用运动和力、声和光、电和磁的一些规律分析简单问题,并获得结论;能在解释自然现象和解决实际问题时引用证据,具有使用科学证据的意识;能根据运动和相互作用的知识,指出交流中有关说法的不当之处,并能提出自己的见解

续表

课程目标	科学思维(模型建构、科学推理、科学论证、质疑创新)
学业要求	3.能量 知道能量的利用存在效率问题,100%的能量利用率只是一种理想情况;能用能量转化与守恒的规律对有关具体问题进行科学推理,并形成结论;在对能量问题进行推理时,能从信息中寻找证据并作出说明;具有根据能量守恒的观点对一些不当说法进行质疑的意识
	4.实验探究 知道科学探究会受到各种因素的影响,在实验中能关注主要因素,忽略次要因素;能根据实验数据通过归纳推理获得探究结论;有判断实验数据是否合理、有效的意识;能对实验进行反思,提出改进建议
	5.跨学科实践 能在跨学科实践中尝试找出影响活动成效的主要因素,能运用简单模型解决问题;能利用归纳或演绎的方法对跨学科问题进行推理,获得结论;能基于证据说明操作的合理性;能在操作中独立思考,提出自己的见解
质量标准	在熟悉的情境中,会用所学模型分析常见的实际问题;在进行简单的物理实验和其他实践活动中,能对活动中的信息进行归纳推理,得到物理结论;在面对日常生活中的实际问题时,能运用所学物理概念、规律进行简单的演绎推理,得到结论;能依照证据形成自己的看法,具有利用证据进行论证的意识;在获取信息时,有判断信息的可靠性和合理性的意识,能从物理学视角对生活中不合理的说法进行质疑并说出理由,发表自己的见解

表 2-7　学科核心素养之科学探究

课程目标	科学探究(问题、证据、解释、交流)
核心素养	科学探究是指基于观察和实验提出物理问题、形成猜想与假设、设计实验与制订方案、获取与处理信息、基于证据得出结论并作出解释,以及对科学探究过程和结果进行交流、评估、反思的能力。 科学探究主要包括问题、证据、解释、交流等要素
目标要求	有科学探究的意识,能发现问题、提出问题,形成猜想与假设,具有初步的观察能力和提出问题的能力;能制订简单的科学探究方案,有控制实验条件的意识,会通过实践操作等方式收集信息,初步具有获取证据的能力;能分析、处理信息,得出结论,初步具有对科学探究过程和结果作出解释的能力;能书面或口头表述自己的观点,能自我反思和听取他人意见,具有与他人交流的能力
学业要求	1.物质 能发现并提出要探究的物理问题,能根据已有经验作出有关猜想与假设;能制订简单的实验方案,会正确使用天平、温度计等实验器材,能按实验方案操作,获得实验数据;会用简单的图像描述数据,根据图像特点对实验结果作出解释;能撰写简单的实验报告
	2.运动和相互作用 能提出与运动和力、声和光、电和磁等现象有关的科学探究性问题,并作出有依据的猜想与假设;在关于杠杆、浮力、光的反射、平面镜成像、凸透镜成像、通电螺线管等科学探究中,能制订初步的实验方案;能正确使用弹簧测力计、刻度尺等器材获取实验数据;能通过对数据的比较与分析,发现数据的特点,进行初步的判断,得出实验结论;能表述实验过程和结果,撰写实验报告

续表

课程目标	科学探究（问题、证据、解释、交流）
学业要求	3.能量 能发现并提出关于能量的问题，能根据已有知识对问题作出猜想与假设；能根据控制变量法制订简单的探究方案，会正确使用电压表、电流表测量基本的电学量，正确读取和记录实验数据，并排除简单的故障；能用表格、图像等多种方式展示实验数据，并通过分析和处理数据得出结论；能撰写实验报告，表述探究的过程和结果
	4.实验探究 在实验中有发现问题、提出问题的意识；能根据实验目的设计实验方案，会正确使用已学实验器材收集数据，能遵守实验室规则，注意实验中的安全问题；能对收集的数据进行整理，归纳总结，形成结论并作出解释；有合作交流的团队意识，能撰写简单的实验报告
	5.跨学科实践 能在真实、综合的情境中发现问题，提出假设；能设计简单的跨学科实践方案，并通过调查等方式收集信息，提出证据；能对跨学科实践活动方案、实施过程及结果进行解释；能与他人共同实施方案，合作交流，并撰写简单的活动报告
质量标准	能发现并提出要探究的物理问题，能根据已有经验和知识作出猜想与假设；能针对提出的问题，运用控制变量法等制订比较合理的科学探究方案，会正确使用学生必做实验所涉及的实验器材，并根据实验方案进行规范、安全的实验操作，会正确读取和记录实验数据，能排除简单的实验故障；能根据实验目的整理信息，会用简单的图像或表格描述信息，能通过信息比较或图像分析发现其中的特点，进行初步的因果判断，形成结论并作出解释；能表述物理问题，会用物理学术语、符号、图表等描述探究过程，说明探究结果，撰写简单的科学探究报告

表 2-8 学科核心素养之科学态度与责任

课程目标	科学态度与责任(科学本质观、科学态度、社会责任)
核心素养	科学态度与责任是指在认识科学本质和了解科学、技术、社会、环境之间关系的基础上形成的,探索自然的内在动力,严谨认真、实事求是、持之以恒的品质,热爱自然、保护环境、遵守科学伦理的自觉行为,以及推动可持续发展和实现中华民族伟大复兴的使命担当。 科学态度与责任主要包括科学本质观、科学态度、社会责任等要素
目标要求	初步认识科学本质,体会物理学对人类认识深化及社会发展的推动作用;亲近自然,崇尚科学,乐于思考与实践,具有探索自然的好奇心和求知欲,有克服困难的信心,能总结成功的经验,分析失败的原因,体验战胜困难、解决问题的喜悦,严谨认真,实事求是,善于跟他人分享与合作,不迷信权威,敢于提出并坚持基于证据的个人见解,勇于放弃或修正不正确的观点;能关注科学技术对自然环境、人类生活和社会发展的影响,遵守科学伦理,有保护环境、节约资源的意识,能在力所能及的范围内为社会的可持续发展做出贡献,具有实现中华民族伟大复兴的责任感与使命感
学业要求	1.物质 能通过物态变化等实验,感受物理研究是建立在观察、实验和推理基础上的创造性工作;能在运用密度等知识解决实际问题的过程中获得成就感,具有学好物理的自信心;能用相关知识初步解释自然界的水循环等现象,具有关心和保护环境的意识,能初步体会构建人类命运共同体的重要意义
	2.运动和相互作用 知道物理学是对相关自然现象的描述与解释,物理学研究需要观察、实验和推理,体会物理学对人类生活和社会发展的影响;具有对运动和力、声和光、电和磁等知识的学习兴趣和严谨认真、实事求是的科学态度;关心我国古代和现代科技成就,为中华民族的科技成就感到自豪,逐步养成实现中华民族伟大复兴的责任感与使命感

续表

课程目标	科学态度与责任（科学本质观、科学态度、社会责任）
学业要求	3.能量 能从热机对社会发展所产生影响的角度，体会科技进步对人类和社会发展的推动作用；能从能量转化的角度认识提高效率的重大意义，增强学习物理学的动力；能从能量的转化和转移具有一定方向性的角度，体会节约能源与可持续发展的重要性
	4.实验探究 能初步体会物理研究是建立在观察和实验基础上的创造性工作；能通过实验获得结论，产生成就感，有学习物理的兴趣和严谨认真、实事求是的科学态度；有节约资源、保护环境的责任感及自觉行为
	5.跨学科实践 为我国古代科技发明感到自豪，能体会物理学对人类生活、工程实践和社会发展的影响；乐于思考与实践，敢于探索，勇于创新，进一步增强安全意识，践行健康生活；具有节能环保、促进可持续发展的责任感
质量标准	能初步认识科学本质，体会物理学对人类认识深化及社会发展的推动作用；能保持对自然的好奇、对物理学的兴趣，具有严谨认真和实事求是的科学态度，既坚持原则，又能与他人合作；知道科学探索、技术应用及成果发表具有一定的道德规范，初步了解科学、技术、社会、环境之间的关系，具有保护环境、节约资源、促进可持续发展的责任感和实现中华民族伟大复兴的使命感

2.初中物理核心素养培育的目标框架

表 2-9～表 2-13 分别按照初中物理课程内容的五个主题，即物质、运动和相互作用、能量、实验探究和跨学科实践，详细列出了初中物理核心素养培育的目标框架。

表 2-9 学科核心素养培育目标框架之物质主题

素养目标	分解目标	初中物理项目化学习主题——物质		
		物质的形态和变化	物质的属性	物质的结构和尺度
物理观念	观念形成	能描述固态、液态和气态的基本特征及在转化过程中的特点；能说出生活中常见的温度值；知道质量的含义，理解密度的物理学意义；能说出物质世界从宏观到微观的大致尺度		
	观念应用	能根据这些知识解释有关自然现象，尝试用这些知识解决日常生活中的有关问题		
科学思维	模型建构	了解原子的核式结构		
	科学推理	通过实验，归纳总结物态变化过程中的吸、放热规律		
	科学论证	在归纳或演绎中会引用证据，养成使用证据的习惯		
	质疑创新	能运用物质的弹性、磁性、导电性等知识，对一些说法进行质疑		
科学探究	提出问题	能发现并提出需要探究的物理问题，根据已有经验作出猜想和假设		
	获得证据	能制订简单的实验方案，会正确使用天平、温度计等实验器材，能按照实验方案获得数据		
	作出解释	会用简单的物理图像描述数据，根据图像特点对实验结果作出解释		
	交流评估	能撰写简单的实验报告		
科学态度与责任	本质观	能通过物态变化等实验，感受物理研究是建立在观察、实验和推理基础上的创造性工作		
	科学态度	能在用密度等知识解决实际问题的过程中获得成就感，具有学好物理的自信心		
	社会责任	具有关心和保护环境的意识，能初步体会构建人类命运共同体的重要意义		

表 2-10　学科核心素养培育目标框架之运动和相互作用主题

素养目标	分解目标	初中物理项目化学习主题——运动和相互作用				
		多种多样的运动形式	机械运动和力	声现象	光现象	电和磁
物理观念	观念形成	了解机械运动、分子热运动、声和光、电和磁，了解重力、弹力、摩擦力，通过牛顿第一定律和力的作用效果，认识机械运动和力的关系				
	观念应用	能用这些知识解释自然界的有关现象，解决日常生活中的有关问题				
科学思维	模型建构	知道匀速直线运动、杠杆、光线等物理模型				
	科学推理	能运用运动和力、声和光、电和磁的一些规律分析简单问题，并获得结论				
	科学论证	能在解释自然现象和解决实际问题时引用证据，具有使用科学证据的意识				
	质疑创新	能根据运动和相互作用的知识，指出交流中有关说法的不当之处，并能提出自己的见解				
科学探究	提出问题	能基于观察提出与运动和力、声和光、电和磁等现象有关的探究性问题，并作出猜想与假设				
	获得证据	在杠杆、浮力、光的反射、平面镜成像、凸透镜成像、通电螺线管等探究中，能制订简单的实验方案，能正确使用弹簧测力计、刻度尺等相关器材获取实验数据				
	作出解释	能通过对数据的比较与分析，发现数据的特点，进行初步的因果判断，得出实验结论				
	交流评估	能表述实验过程和结果，撰写实验报告				

续表

素养目标	分解目标	初中物理项目化学习主题——运动和相互作用				
		多种多样的运动形式	机械运动和力	声现象	光现象	电和磁
科学态度与责任	本质观	知道物理学是对相关自然现象的描述和解释，物理学研究需要观察、实验和推理，体会物理学对人类生活和社会发展的影响				
	科学态度	具有对运动和力、声和光、电和磁等知识的学习兴趣和严谨认真、实事求是的科学态度				
	社会责任	关心我国古代和现代科技成就，为中华民族的科技成就感到自豪，逐步养成实现中华民族伟大复兴的责任感和使命感				

表 2-11　学科核心素养培育目标框架之能量主题

素养目标	分解目标	初中物理项目化学习主题——能量					
		能量及其转化和转移	机械能	内能	电磁能	能量守恒	能源与可持续发展
物理观念	观念形成	能列举能量转化和转移的实例，知道能量在转化和转移过程中是守恒的，认识机械功、热量、电功、热值等是与能量转化或转移密切相关的物理量，知道它们的含义					
	观念应用	能用能量转化与守恒的观点解释常见的自然现象，解决日常生活中的有关问题					

续表

<table>
<tr><td rowspan="2">素养目标</td><td rowspan="2">分解目标</td><td colspan="6">初中物理项目化学习主题——能量</td></tr>
<tr><td>能量及其转化和转移</td><td>机械能</td><td>内能</td><td>电磁能</td><td>能量守恒</td><td>能源与可持续发展</td></tr>
<tr><td rowspan="4">科学思维</td><td>模型建构</td><td colspan="6">知道能量的利用存在效率问题，100％的能量利用率只是一种理想情况</td></tr>
<tr><td>科学推理</td><td colspan="6">能用能量转化与守恒的规律对有关具体问题进行科学推理，并形成结论</td></tr>
<tr><td>科学论证</td><td colspan="6">在对能量问题进行推理时，能从信息中寻找证据并作出说明</td></tr>
<tr><td>质疑创新</td><td colspan="6">具有根据能量守恒的观点对一些不当说法进行质疑的意识</td></tr>
<tr><td rowspan="4">科学探究</td><td>提出问题</td><td colspan="6">能发现并提出关于能量的问题，能根据已有知识对问题作出猜想与假设</td></tr>
<tr><td>获得证据</td><td colspan="6">能根据控制变量法制订简单的探究方案，会正确使用电压表、电流表测量基本的电学量，正确读取和记录实验数据，并排除简单的实验故障</td></tr>
<tr><td>作出解释</td><td colspan="6">能用表格、图像等多种方式展示实验数据，并通过分析和处理数据得出实验结论</td></tr>
<tr><td>交流评估</td><td colspan="6">能撰写实验报告，书面或口头表述科学探究的过程和结果</td></tr>
<tr><td rowspan="3">科学态度与责任</td><td>本质观</td><td colspan="6">能从热机对社会发展所产生影响的角度，体会科技进步对人类和社会发展的推动作用</td></tr>
<tr><td>科学态度</td><td colspan="6">能从能量转化的角度认识提高效率的重大意义，增强学习物理学的动力</td></tr>
<tr><td>社会责任</td><td colspan="6">能从能量的转化和转移具有一定方向性的角度，体会节约能源与可持续发展的重要性</td></tr>
</table>

表 2-12　学科核心素养培育目标框架之实验探究主题

素养目标	分解目标	初中物理项目化学习主题——实验探究	
		测量类学生必做实验	探究类学生必做实验
物理观念	观念形成	能通过物理实验建构物理概念，深化对物理规律的认识，领悟其内涵及相互联系	
	观念应用	有将实验探究方法及安全操作规范等运用于解决日常问题的意识，能根据所学知识和说明书等解决现实中的简单问题	
科学思维	模型建构	知道科学探究会受到各种因素的影响，在实验中能关注主要因素，忽略次要因素	
	科学推理	能根据实验数据通过归纳推理获得探究结论	
	科学论证	有判断实验数据是否合理、有效的意识	
	质疑创新	能对实验进行反思，提出改进建议	
科学探究	提出问题	在实验中有发现问题、提出问题的意识	
	获得证据	能根据实验目的设计实验方案，会正确使用已学实验器材收集数据，能遵守实验室规则，注意实验中的安全问题	
	作出解释	能对收集的数据进行整理，归纳总结，形成结论并作出解释	
	交流评估	有合作交流的团队意识，能撰写简单的实验报告	
科学态度与责任	本质观	能初步体会物理研究是建立在观察和实验基础上的创造性工作	
	科学态度	能通过实验获得结论，产生成就感，有学习物理的兴趣和严谨认真、实事求是的科学态度	
	社会责任	有节约资源、保护环境的责任感及自觉行为	

表 2-13　学科核心素养培育目标框架之跨学科实践主题

<table>
<tr><th rowspan="2">素养目标</th><th rowspan="2">分解目标</th><th colspan="3">初中物理项目化学习主题——跨学科实践</th></tr>
<tr><th>物理学与日常生活</th><th>物理学与工程实践</th><th>物理学与社会发展</th></tr>
<tr><td rowspan="2">物理观念</td><td>观念形成</td><td colspan="3">能在跨学科实践中综合认识所涉及的知识</td></tr>
<tr><td>观念应用</td><td colspan="3">能用物理及其他学科知识解释与健康、安全等有关的日常生活问题，探索一些简单的工程与技术问题，分析与能源、环境等有关的社会热点问题，初步具有运用跨学科知识解决简单问题的能力</td></tr>
<tr><td rowspan="4">科学思维</td><td>模型建构</td><td colspan="3">能在跨学科实践中尝试找出影响活动成效的主要因素，能运用简单模型解决问题</td></tr>
<tr><td>科学推理</td><td colspan="3">能利用归纳或演绎的方法对跨学科问题进行推理，获得结论</td></tr>
<tr><td>科学论证</td><td colspan="3">能基于证据说明操作的合理性</td></tr>
<tr><td>质疑创新</td><td colspan="3">能在操作中独立思考，提出自己的见解</td></tr>
<tr><td rowspan="4">科学探究</td><td>提出问题</td><td colspan="3">能在真实、综合的情境中发现问题，提出假设</td></tr>
<tr><td>获得证据</td><td colspan="3">能设计简单的跨学科实践方案，能通过调查等方式收集信息，获得证据</td></tr>
<tr><td>作出解释</td><td colspan="3">能对跨学科实践活动方案、实施过程及结果进行解释</td></tr>
<tr><td>交流评估</td><td colspan="3">能与他人共同实施方案，合作交流，并撰写简单的活动报告</td></tr>
<tr><td rowspan="3">科学态度与责任</td><td>本质观</td><td colspan="3">为我国古代科技成就发明感到自豪，能体会物理学对人类生活、工程实践和社会发展的影响</td></tr>
<tr><td>科学态度</td><td colspan="3">乐于思考与实践，敢于探索，勇于创新，进一步增强安全意识，践行健康生活</td></tr>
<tr><td>社会责任</td><td colspan="3">具有节能环保、促进可持续发展的责任感</td></tr>
</table>

(二)初中生创新素养培育的目标框架

关于大中小幼学生创新素养的培育，山东省教育厅发布的《关于加强新时代学生创新素养培育体系建设的意见》中做了基本的说明，提出了分段推进的思路，即学前教育阶段以激发创新兴趣为主，注重游戏活动，培养想象力，保护好奇心，加强创新体验。小学阶段以培养创新意识为主，注重养成学生广泛学习的兴趣和注重探究的意识。初中阶段以培养创新思维习惯为主，加强创新技能训练，初步培养创新实践能力。高中阶段以培养创新志趣为主，注重形成批判性思维和辩证性思维能力，逐步完善创新人格。高等教育阶段以发展学生的创新实践能力为主，注重培养学生开拓创新的精神、自主创新的能力、坚韧不拔的毅力。

关于初中生的创新素养培育，研究人员在对创新素养的内涵要素进行了深入的分析，更清晰地认识如何培养学生这种能力的基础上，确立了初中生创新素养培育的目标框架。表 2-14 分别从创新人格、创新思维和创新实践三个维度详细表述了初中生创新素养的培育目标。

表 2-14　初中生创新素养培育的目标框架

素养目标	分解目标	目标要求
创新人格	好奇	根据观察到的物理现象，能够主动提出有意义的问题，持续关注并积极寻找相关资料，努力探索问题的答案，愿意与教师和同学进行讨论和交流，对现象背后的原理或规律产生兴趣
	开放	能够接受和尊重不同的观点和意见，不轻易否定或排斥与自己观点不同的看法；愿意倾听和理解他人的观点，从中获得新的视角；愿意接受他人的反馈和批评，从中得到学习和成长

续表

素养目标	分解目标	目标要求
创新人格	冒险	愿意接受新的挑战和风险，勇于面对未知的情境和难题，不畏惧失败或困难；渴望探索新的领域，愿意尝试新的经历，追求新的体验；愿意尝试新的解决方法，积极寻求改进和突破
	挑战	追求卓越和高标准，不满足于平庸；即使面临困难和挫折，也能持续努力并保持积极的态度；乐于接受复杂和有挑战性的问题，对于解决难题有强烈的动力
	独立	能主动规划和组织自己的学习活动，能自我管理时间、任务和资源，不依赖于他人的监督；具备独立思考的能力，不盲从他人的意见，能自己作出决策；能独立思考，自主地表达自己的观点
	自信	具有乐观的态度，面对挑战能够积极应对；相信自己可以克服困难，取得成功，对自己的能力和潜力有清晰的认知；敢于表达自己的观点和意见，不畏惧他人的评判或批评
	内驱	能够自我激励并保持持续的学习动力，不依赖外部奖励或压力，自主地追求个人目标；能够从学习中获得满足感和成就感，能够有效地规划时间、设置优先级和保持专注，以实现个人目标
创新思维	发散思维	能够从不同的角度分析问题，产生多样化的观点；能够将不同学科领域的知识或概念进行关联，以形成新的联结或洞察，产生跨学科的思维和创新性思考，从而形成多种解决方案
	聚合思维	能够将不同领域的知识进行整合，形成新的洞察；能够发现不同事物之间的共同点和联系，从中提取共同的特征或模式；能够通过推断和归纳，从具体的事实或现象中提取普遍的规律或原理
	重组思维	能够重新组织已有的信息，以形成新的结构或视角；能够发现原本未被察觉或未被探索的关联和模式，从而产生新的见解；能够将不同的元素、观点或概念重新组合，形成新的整体或解决方案

续表

素养目标	分解目标	目标要求
创新实践	问题表征	能够识别和确定问题中的关键信息，筛选出与问题解决相关的关键要素；能够分析问题的结构，理解问题中的各个因素、条件和关系；能够根据问题表征的分析，提出合适的假设和解决策略
	目标澄清	能够清晰地定义和表达目标，能够明确希望实现的结果或成就，能够使用具体的指标或标准来评估目标的实现程度；能够将大目标分解为可行的小步骤或阶段性目标
	搜集信息	能够利用多样化的信息来源，包括书籍、文献、互联网等，获取全面的信息；能够评估信息的可靠性，判断信息的可信度；能够有效地组织和整理所搜集到的信息，以便后续的分析和使用
	创新方法	能够独立思考，不拘泥于传统的思维模式；能够进行联想和关联，愿意进行实验和试错；能够引入新的思路和方法，或者对已有解决方案进行重组，以产生创意或解决问题
	形成成果	选择特定主题，开展创新实践活动，形成作品等各种形式的成果。成果具备良好的质量和准确性，表现出扎实的知识基础、正确的理解和逻辑，以及准确的表达和呈现方式；成果表现出新颖的观点、方法或解决方案，具备独特性和个性化

三、内容体系研究

在内容体系研究中，研究人员对创新素养视角下初中物理项目化学习框架的各个维度进行了阐述和说明，有利于项目化学习设计者更详细地了解各个要素的构成与含义。

(一)寻找核心知识

初中物理项目化学习是围绕物理学科的核心概念来设计和组织的,是用更上位的物理概念学习来聚合和带动下位的知识和技能的学习。梳理物理学科核心概念以及核心概念下包含的核心知识和基本技能是项目化学习设计的起点,以便确定项目化学习的主题。借助《义务教育物理课程标准(2022年版)》和物理教材,可以把初中物理学科的核心概念按主题分为3个核心概念、13个关键概念和38个主题概念。核心概念和关键概念下包含的学科内容太多,不利于项目化学习的设计,主题概念适用于项目化学习的设计,如表2-15所示。

表2-15 初中物理核心概念、关键概念及项目化学习主题概念梳理汇总表

核心概念	关键概念	项目化学习主题概念
物质	物质的形态和变化	物态与温度、熔化和凝固、汽化和液化、升华和凝华
	物质的属性	物质的基本属性、质量和密度
	物质的结构和尺度	物质的结构和物质世界的尺度
运动和相互作用	多种多样的运动形式	机械运动、分子热运动
	机械运动和力	力的概念、牛顿第一定律、力的平衡、压强和浮力、简单机械
	声和光	声现象、光沿直线传播与反射和折射、平面镜成像、凸透镜成像
	电和磁	静电现象、磁场、电流磁效应、磁场对电流的作用、电磁感应、电磁波

续表

核心概念	关键概念	项目化学习主题概念
能量	能量、能量的转化和转移	能量及其存在的不同形式、功与能量的转化和转移
	机械能	机械能、机械功和功率、机械效率
	内能	内能与热量、内能的利用与热机
	电磁能	简单电路、欧姆定律、电功和电功率、焦耳定律、家庭电路
	能量守恒	能量守恒定律
	能源与可持续发展	能源与可持续发展

(二)形成驱动性问题

项目化学习是由驱动性问题引发的，一个好的驱动性问题是成功开启项目化学习的关键。如何寻找并设计驱动性问题，是不少项目化学习设计者遇到的最大障碍。笔者认为驱动性问题至少具备以下四个特点：

(1)驱动性。驱动性问题首先要能激发学生学习的内在动力，引发学生的主动学习。

(2)情境性。设计驱动性问题时要创设一个真实的问题情境，就物理学科而言可以将驱动性问题与日常生活、工程实践和社会发展等真实情境相关联。

(3)开放性。驱动性问题应该是开放性的，没有明确和固定的答案，它要能够给学习者提供广阔且多向度思维的空间。

(4)指引性。驱动性问题应该与学习目标相一致，能够明确指引学生探索的方向和最终形成的项目成果。

创新素养视角下的初中物理项目化学习中驱动性问题的设计可以按

照这样的方式进行:首先,基于物理学科核心知识形成学科本质问题,本质问题是直接指向学科核心知识和关键能力的问题;然后,围绕上述四个特点将本质问题转化为适合初中年龄段学生特点的驱动性问题。驱动性问题设计样例如表2-16所示。

表 2-16　驱动性问题设计样例

主题概念	核心知识	本质问题	驱动性问题
物质的属性、温度和密度	温度、密度、热胀冷缩	物体温度与物体密度有关系吗	伽利略温度计是一种由玻璃圆筒、透明液体及不同密度的重物所构成的温度计。当温度改变时,液体的密度会随之改变,使得悬浮的重物上下移动,直到与周围的液体密度相等。你能不能利用温度和密度的知识尝试设计制作一个类似的温度计呢
力的平衡	重力、弹力、摩擦力及二力平衡	物体平衡的条件是什么	在突发洪水的地区,人们想要涉水前往马路对面的紧急避险区域等待救援,可此时路面已经被湍急的水流所覆盖,在水流中他们应该如何做才能保持平衡而不被水流冲倒呢
内能的利用与热机	内能、热量、热值、比热容、热机、热机效率	如何提高热机的效率?如何提高能量的利用率	2022年11月20日,潍柴发布本体热效率52.28%的商业化柴油机,与市场现有主流产品(平均46%热效率柴油机)相比,52.28%本体热效率技术的商业化应用,可实现油耗、二氧化碳排放分别降低12%,每年可为我国节油1900万吨、减少二氧化碳排放量6000万吨。可见提高热机效率,对我国2030年前实现碳达峰和2060年前实现碳中和有着十分重要的战略意义,作为一名肩负民族复兴大任的初中生,你是否愿意为此贡献自己的智慧,提出可行的解决方案呢

在“物质”“运动和相互作用”“能量”三个核心概念中，研究人员分别选取了一个主题概念并设计了驱动性问题。在“物质的属性”主题中，驱动性问题与工程实践情境相联系，体现了“做中学”的思想，以设计、制作模型为项目的成果；在“机械运动和力”主题中，驱动性问题与日常生活情境相联系，突出从物理走向生活的意识，以研究报告来体现对核心知识的深度理解；在“内能”主题中，驱动性问题与社会发展情境相联系，融入科学态度与责任，以产生问题的解决方案为项目的最终成果。

(三)澄清高阶认知策略

高阶认知策略与项目化学习有着密切的联系，学生需要运用各种高阶认知策略来解决问题和完成任务。按照马扎诺的观点，高阶认知策略包括问题解决、创见、决策、实验探究、调研、系统分析等，低阶认知策略包括信息收集、组织、存储、比较、分类、抽象、分析、推理等(马扎诺等，2015)。

(1)问题解决是指克服达成目标道路上的限制或障碍的过程。

(2)创见是指形成原创性的产品或过程以满足预期需求的过程。

(3)决策是指提出或运用标准，从相似的几种方案中作出选择的过程。

(4)实验探究是指对所观察的现象提供解释并加以检验的过程。

(5)调研是指明确并解决那些有争议或矛盾的问题，消除模糊观点的过程。

(6)系统分析是指分析系统的各个部分以及彼此交互、协同发挥作用的过程。

高阶认知策略在创新素养视角下的初中物理项目化学习中有着重要的应用，可以帮助学生更深入地理解物理概念和原理，掌握基本知识和技能在实际生活中的应用。表 2-17 以核心概念“能量”为例，简要说明了高阶认知策略在初中物理项目化学习中的具体应用。

表 2-17 高阶认知策略在初中物理项目化学习中的应用

高阶认知策略	应用场景
创见	通过创见策略，学生可以基于当地使用的主要能源及其对当地经济和环境的影响，提出开发当地可再生能源的建议和方案，例如开发太阳能、风能、水能、地热能、氢能等
问题解决	通过问题解决策略，学生可以发现和解决节约能源与可持续发展的问题，分析阻碍问题解决的障碍和可以利用的资源，提出解决问题的方案
决策	通过决策策略，学生可以根据不同的情境，选择最适合的能量转化和转移方式，确定能源可持续发展的方法
实验探究	通过实验探究策略，学生可以运用所学概念、原理进行预测和设计相应的实验来比较木柴、煤、汽油、酒精、天然气等不同燃料的放热本领
调研	通过调研策略，学生可以了解当地近年来炊事、取暖、交通等方面燃料结构的变化情况，调研能源利用给当地带来的环境影响
系统分析	通过系统分析策略，学生可以了解制约能源与可持续发展的各个因素之间的关系，例如分析能量转移和转化的方向性、能量的利用率等因素

(四)确认学习实践活动

在项目化学习中，学生通常要经历如下六个阶段的学习实践活动：

(1)入项活动。在入项阶段，学生主要经历引入驱动性问题，针对驱动性问题进行头脑风暴、划分小组、确定任务目标、时间节点规划和明确项目成果等活动。

(2)知识与能力建构。在知识与能力建构阶段,学生主要经历收集相关信息、拓展信息来源、回顾以往知识、学习项目相关的微课程等活动。

(3)探索与形成成果。在探索与形成成果阶段,学生主要经历组内分工、形成设计图或探究方案、制作模型或形成研究报告、初步解释设计或模型等活动。

(4)评论与修订。在评论与修订阶段,学生主要经历书面或口头报告、开展交流和评价、教师或专家给出建议、修订成果等活动。

(5)公开成果。在公开成果阶段,学生主要经历举办成果展、接受反馈信息、再次修订成果等活动。

(6)反思与总结。在反思与总结阶段,学生主要经历回顾项目历程、接受总结性评价等活动。

(五)明确学习成果形式

项目化学习与其他形式学习的区别在于,项目化学习最终要形成符合学习目标要求、体现对核心概念深度理解并能够回答驱动性问题的学习成果。创新素养视角下的初中物理项目化学习的主要学习成果大致有研究报告、调查报告、实验报告、科学论文、设计方案、说明书、倡议书和模型等。

四、评价体系研究

在评价体系研究中,明确了创新素养视角下初中物理项目化学习的评价应该以学生创新素养发展为根本,以物理学科素养目标为导向,采用多样的评价方式和多种的评价主体，对学生的创新素养发展、学科素养达成、知识深度理解和项目研究成果四个方面进行过程性与总结性的评价，并制定了相应的评价量规。

(一)学生创新素养发展评价

在项目化学习中，对学生创新素养发展的评价主要是针对学生在学习实践活动中的真实表现所进行的过程性评价，评价维度主要有创新人格层面的好奇心、开放性、冒险精神、挑战性、独立性、自信心和内驱力，创新思维层面的发散思维、聚合思维和重组思维，以及创新实践层面的问题表征、目标澄清、搜集信息、创新方法和形成成果。评价量规样例分别如表 2-18、表 2-19 和表 2-20 所示。

表 2-18　初中生创新人格发展评价量规样例

创新素养	评价维度	评价描述	初级	良好	优秀
创新人格	好奇心	根据观察到的物理现象，能够主动提出有意义的问题，持续关注并积极寻找相关资料，努力探索问题的答案，愿意与教师和同学进行讨论和交流，对现象背后的原理或规律产生兴趣	□	□	□
	开放性	能够接受和尊重不同的观点和意见，不轻易否定或排斥与自己观点不同的看法；愿意倾听和理解他人的观点，从中获得新的视角；愿意接受他人的反馈和批评，从中得到学习和成长	□	□	□

续表

创新素养	评价维度	评价描述	初级	良好	优秀
创新人格	冒险精神	愿意接受新的挑战和风险，勇于面对未知的情境和难题，不畏惧失败或困难；渴望探索新的领域，愿意尝试新的经历，追求新的体验；愿意尝试新的解决方法，积极寻求改进和突破	□	□	□
	挑战性	追求卓越和高标准，不满足于平庸；即使面临困难和挫折，也能持续努力并保持积极的态度；乐于接受复杂和有挑战性的问题，对于解决难题有强烈的动力	□	□	□
	独立性	能主动规划和组织自己的学习活动，能自我管理时间、任务和资源，不依赖于他人的监督；具备独立思考的能力，不盲从他人的意见，能自己作出决策；能独立思考，自主地表达自己的观点	□	□	□
	自信心	具有乐观的态度，面对挑战能够积极应对；相信自己可以克服困难，取得成功，对自己的能力和潜力有清晰的认知；敢于表达自己的观点和意见，不畏惧他人的评判或批评	□	□	□
	内驱力	能够自我激励并保持持续的学习动力，不依赖外部奖励或压力，自主地追求个人目标；能够从学习中获得满足感和成就感，能够有效地规划时间、设置优先级和保持专注，以实现个人目标	□	□	□

表 2-19　初中生创新思维发展评价量规样例

创新素养	评价维度	评价描述	初级	良好	优秀
创新思维	发散思维	能够从不同的角度分析问题，产生多样化的观点；能够将不同学科领域的知识或概念进行关联，以形成新的联结或洞察，产生跨学科的思维和创新性思考，从而形成多种可能性的解决方案	□	□	□
	聚合思维	能够将不同领域的知识进行整合，形成新的洞察；能够发现不同事物之间的共同点和联系，从中提取共同的特征或模式；能够通过推断和归纳，从具体的事实或现象中提取普遍的规律或原理	□	□	□
	重组思维	能够重新组织已有的信息，以形成新的结构或视角；能够发现原本未被察觉或未被探索的关联和模式，从而产生新的见解；能够将不同的元素、观点或概念重新组合，形成新的整体或解决方案	□	□	□

表 2-20　初中生创新实践发展评价量规样例

创新素养	评价维度	评价描述	初级	良好	优秀
创新实践	问题表征	能够识别和确定问题中的关键信息，筛选出与问题解决相关的关键要素；能够分析问题的结构，理解问题中的各个因素、条件和关系；能够根据问题表征的分析，提出合适的假设和解决策略	□	□	□
	目标澄清	能够清晰地定义和表达目标，能够明确希望实现的结果或成就，能够使用具体的指标或标准来评估目标的实现程度；能够将大目标分解为可行的小步骤或阶段性目标	□	□	□

续表

创新素养	评价维度	评价描述	初级	良好	优秀
创新实践	搜集信息	能够利用多样化的信息来源，包括书籍、文献、互联网等，获取全面的信息；能够评估信息的可靠性，判断信息的可信度；能够有效地组织和整理所搜集到的信息，以便后续的分析和使用	□	□	□
	创新方法	能够独立思考，不拘泥于传统的思维模式；能够进行联想和关联，愿意进行实验和试错；能够引入新的思路和方法，或者对已有解决方案进行重组，以产生创意或解决问题	□	□	□
	形成成果	选择特定主题，开展创新实践活动，形成作品等各种形式的成果。成果具备良好的质量和准确性，表现出扎实的知识基础、正确的理解和逻辑，以及准确的表达和呈现方式；成果表现出新颖的观点、方法或解决方案，具备独特性和个性化	□	□	□

(二)初中物理核心素养目标评价

初中物理核心素养目标评价是以物理核心素养为主要维度，结合项目化学习主题课程内容，对学生的学业成就进行的过程性评价和总结性评价，评价维度主要有物理观念、科学思维、科学探究和科学态度与责任。评价量规样例如表 2-21 所示。

表 2-21　初中物理核心素养目标评价量规样例

核心素养	评价维度	评价描述	初级	良好	优秀
物理观念	观念形成	能初步形成物质观念、运动和相互作用观念和能量观念;能掌握所学的物理概念和规律	□	□	□
	观念应用	能从物理学视角观察事物,把所学概念和规律与实际情境联系起来解释常见的自然现象和解决常见的物理问题	□	□	□
科学思维	模型建构	在熟悉的情境中,会用所学模型分析常见的实际问题	□	□	□
	科学推理	在物理实践活动或生活实际问题中,能运用所学物理概念和规律对其中的信息进行推理,得到结论	□	□	□
	科学论证	能依照证据形成自己的看法,具有利用证据进行论证的意识	□	□	□
	质疑创新	在获取信息时,有判断信息的可靠性和合理性的意识;能从物理学视角对生活中不合理的说法进行质疑并说出自己的见解	□	□	□
科学探究	问题	能针对一些现象,发现并提出探究性问题,作出猜想与假设	□	□	□
	证据	能针对提出的问题,制定科学的探究方案,进行规范操作并获得实验数据	□	□	□
	解释	能分析实验数据,进行初步判断,形成结论并作出解释	□	□	□
	交流	会用物理学术语、符号、图表等描述探究过程,说明探究结果,撰写简单的科学探究报告	□	□	□

续表

核心素养	评价维度	评价描述	初级	良好	优秀
科学态度与责任	科学本质观	能初步认识科学本质,体会物理学对人类社会发展的作用	□	□	□
	科学态度	能保持对自然的好奇,具有严谨认真和实事求是的科学态度	□	□	□
	社会责任	初步了解科学、技术、社会、环境之间的关系,具有环境保护、节约资源、促进可持续发展的责任感和实现中华民族伟大复兴的使命感	□	□	□

(三)核心知识评价

在项目化学习中,对学生核心知识理解深度的评价,建议依然使用笔试的形式进行。评价目标要与项目化主题内容要求和学业质量标准相一致,试题设计要与创新素养及物理核心素养的立意相统一,注重考查学生在真实问题情境中综合使用信息和资源,创造性地解决实际问题的能力,以探究性、开放性、综合性的题目为主。

例:家里的罐头瓶盖盖得太紧(见图 2-5),拧不开了。小明就在瓶盖外包上毛巾,再用力拧,毛巾在打滑,瓶盖还是没动。爸爸让他换一条湿毛巾试试,果然,湿毛巾不再打滑,瓶盖打开了。由此,他觉得水有助于增大摩擦力。但为什么许多公共场合的地面在用水打扫过后会摆放“小心地滑”的牌子(见图 2-6)? 水到底能增大摩擦还是减小摩擦?

为了解决困惑,他设计了如图 2-7 所示的实验:在水平玻璃桌面上滴不同滴数的水并涂匀,立即用弹簧测力计拉着一块用油漆漆过的木块在玻璃桌面上做匀速直线运动,测出摩擦力,记录数据如表 2-22 所示。

图 2-5 罐头

图 2-6 用水打扫后的地面

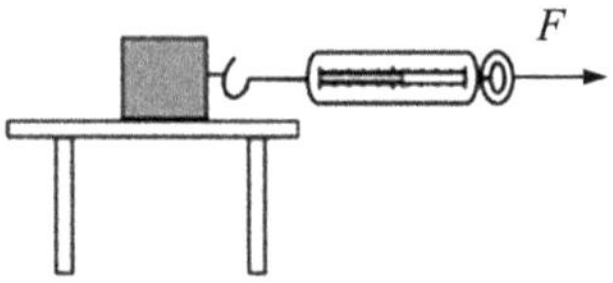

图 2-7 设计实验

表 2-22 水滴数与摩擦力关系统计表

实验次数	1	2	3	4	5	6	7	8
水滴数/滴	4	8	12	16	20	24	28	32
摩擦力/N	3.16	3.34	3.72	3.92	3.02	2.80	2.82	2.82

(1)请描述表中数据的变化趋势(评分标准见表 2-23)。

表 2-23 评分标准

项目	评分标准
水平	依回答而定
高水平回答	摩擦力大小随着水滴数量的增多先增大后减小
	先增大后减小
	其他高水平回答
错误回答	只提到“增大”或“减小”。 例 1:摩擦力大小随着水滴数量的增多而不断增大。 例 2:摩擦力大小随着水滴数量的增多而不断减小
	回答与实验不符
	其他错误回答
没有回答	空白

(2)根据实验数据能得出什么结论(评分标准见表 2-24)?

表 2-24　评分标准

项目	评分标准
水平	依回答而定
高水平回答	需要考虑水能增大摩擦力,也能减小摩擦力。 例 1:在一定范围内水会增大物体之间的摩擦力,超过一定范围之后则会减小物体之间的摩擦力。 例 2:在一定范围内,少量的水增大摩擦力(表 2-22 中水为 4～16 滴时,摩擦力增大),过量的水会使摩擦力减小(表 2-22 中水为 16～24 滴时摩擦力减小)。所以人们干活时会在手心上蘸水,以增大摩擦力;公共场所地面水较多时,减小摩擦力
	其他高水平回答
一般水平回答	只考虑水能增大摩擦力。 例:由实验数据得出,滴水可以增大摩擦力,所以往手心上蘸水,防止打滑
	只考虑水能减小摩擦力。 例 1:水越多,摩擦力越小。 例 2:在其他条件不变时,水滴越多,摩擦力越小,所以水能减小摩擦力
	其他一般水平回答
错误回答	回答与实验结果不符。 例:当水足够多时可以增大摩擦力,当水过少时就会减小摩擦力
	大气压的作用。 例:涂上水后,物体间气体较少,大气压将物体压在一起,摩擦力变大,但由于水过多,摩擦力变小
	其他错误回答
没有回答	空白

注:本例选自《义务教育科学课程标准(2022 年版)》(125～128 页)。

(四)项目成果评价

创新素养视角下初中物理项目化学习的成果类型上文已经进行了说明。项目成果的评价应该根据成果类型的不同,设计相应的成果评价量规。总体来看,初中物理项目化学习成果类型可以分为:以模型制作为代表的制作类成果,以及以研究报告、调查报告为代表的说明类成果。评价量规样例如表 2-25 所示。

表 2-25 项目成果评价量规样例

成果类型	评价维度	评价描述	初级	良好	优秀
制作类成果	创新性	是否具有创意性、独特性、新颖性以及独特的解决方法	□	□	□
	实用性	是否能够解决实际问题或者满足问题需求;是否具有应用价值	□	□	□
	完整性	是否质量过关,达到预期标准;是否具有完整性、足够的精细度、准确性和可靠性	□	□	□
	团队性	是否体现了团队合作的精神;团队成员之间是否进行协作、沟通,分工是否协调、顺畅,是否形成协同效应	□	□	□
	效果性	是否反映了学习成果;是否体现了学生能力的提升;是否体现了学习目标的达成	□	□	□

续表

成果类型	评价维度	评价描述	初级	良好	优秀
说明类成果	清晰性	是否能够清晰地表达思想，准确地传达所需的信息	□	□	□
	逻辑性	是否有清晰的结构和逻辑，使观察者容易理解和跟随	□	□	□
	观点性	观点是否清晰明确，能够站得住脚；是否有足够的证据和支持	□	□	□
	创意性	是否具有创意性和独特性；是否能够吸引观察者的兴趣和注意力	□	□	□
	深度性	是否涵盖了足够的研究深度和广度；是否能够回答问题	□	□	□
	流畅性	是否用词准确、流畅、生动，并且适合目标受众	□	□	□

第三章　初中物理项目化学习中创新素养培育的实践研究

在实践体系研究中，研究人员依据《义务教育物理课程标准(2022年版)》和人教版物理教材的组织顺序，并结合项目化学习的教学设计和课时安排，制订了详细的项目实施方案，明确了在教师层级中，如何依据节点规划和进程管理实施项目，如何在项目实施过程中搭建支持学生学习的活动支架；明确了在学生层级中，如何进行入项、知识与能力构建、探索形成成果并公开展示成果等活动。

研究的实施路径如图3-1所示，即：①依托培育手册和项目方案，实施入项探究活动；②全过程动态监测项目中可能出现的问题并及时反馈；③进行项目的故障排除和细节优化；④定期会议研讨，实时调整进程和节点管理；⑤逆向筹划、反思评估及出项复盘，具体分学校、教师、学生三个层级协同实施。

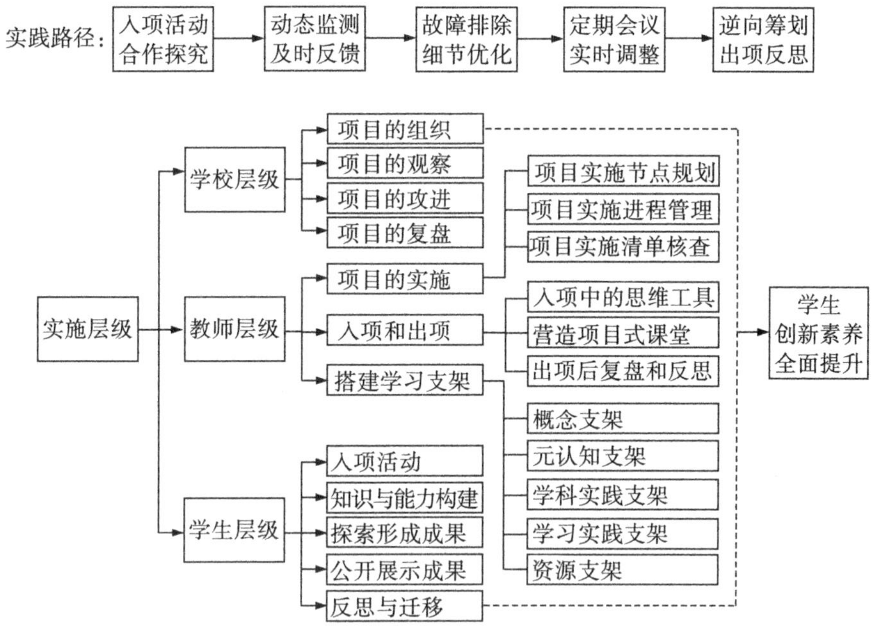

图 3-1　课题研究的实践路径和实施层级

2022 年 9 月至 2023 年 7 月，是初中物理项目化学习中创新素养培育研究的全面实践阶段。在我校（聊城经济技术开发区实验学校）八、九年级学生中开设物理项目化学习课程，以项目化教学彻底取代传统的教学形式。项目化教学可为学生建立成长档案，利用评价体系实时追踪学生创新素养的发展水平；为教师建立课程档案，发现项目存在的不足，及时进行修正和完善。

一、学校层级

研究团队通过文献研究、调查寻证，对初中生创新素养育人目标形成了正确的认识，明确了初中物理项目化学习中培养学生创新素养的重要意义。针对现阶段中小学生创新素养培育的情况和初中生创新素养现状的调查,研究团队分析了存在的问题和不足,结合初中生身心发展的规律,审议并确定了项目内容,形成了资源列表并研制了实施方案,组织实施并观察改进项目以及进行项目复盘和评估反馈。

(一)初中生创新素养现状的调查分析

2023 年 3 月,初中物理项目化学习中创新素养培育研究课题组完成了初中物理项目化学习中创新素养培育课题的理论研究部分,制订了课题项目的实施方案和操作范式,为课题研究的实践开展做了充分准备。为有效检验初中物理项目化学习中学生创新素养发展的实践效果,课题组利用威廉斯创造力倾向测量表对我校八、九年级 940 余名学生的创新素养现状进行了摸底调查,形成了初中生创新素养调查分析报告。

1.威廉斯创造力倾向测量表简介

威廉斯创造力倾向测量表通过测验个人的一些性格特点,来测量个人的创造性倾向。它可以用来发现那些有创造性的个体。高创造力的个体在进行创造性工作时更容易成功,低创造力的个体则循规蹈矩,更适合进行常规型的工作。越趋于冒险、好奇心强、想象力丰富、勇于挑战未知的人,越是创造性倾向强的人。

有创造性的个体被认为具有以下认知和情感特质:想象流畅灵活、不循规蹈矩、有社会性敏感、较少有心理防御、愿意承认错误、与父母关系密切等。威廉斯创造力倾向测量表共有 50 题,包括冒险性、好奇性、想象力、挑战性四项。测试后可得四种分数,加上总分,可得五项分数。分数越高,创造力水平越高。测试分数在 135 分及以上者表明创造力优秀,测试分数在 120～134 分者表明创造力良好,测试分数在 90～119 分者表明创造力一般,测试分数在 90 分以下者,表明创造力差。

2.我校初中生创造力倾向测量结果分析

考虑到初中物理课程只面向八、九年级学生开设，故本次问卷调查的对象是我校八、九年级的全体学生，测验对象人数及性别统计如表 3-1 所示。

表 3-1 创造力倾向量表测验对象人数及性别统计

年级	男生	女生	总计
八年级	319	257	576
九年级	201	165	366

经统计分析，我校初中生创造力倾向现状如下：

(1)从整体平均分上看，我校八年级和九年级学生的创造力倾向几乎没有差别，并没有体现出不同年级以及不同性别上的差异，如表 3-2 所示。

表 3-2 创造力倾向量表测验分数统计

年级	人数	平均分	男生平均分	女生平均分	标准差	标准差系数	最大值	最小值
八年级	576	111.3	111.42	111.26	13.9	12.5％	147	66
九年级	366	111.4	111.45	111.41	12.8	11.4％	147	70

(2)从班级平均分上看，八、九年级各班之间的平均分相差较大，说明不同班级之间的创造力倾向存在明显的差异化，具体如图 3-2 和图 3-3 所示。

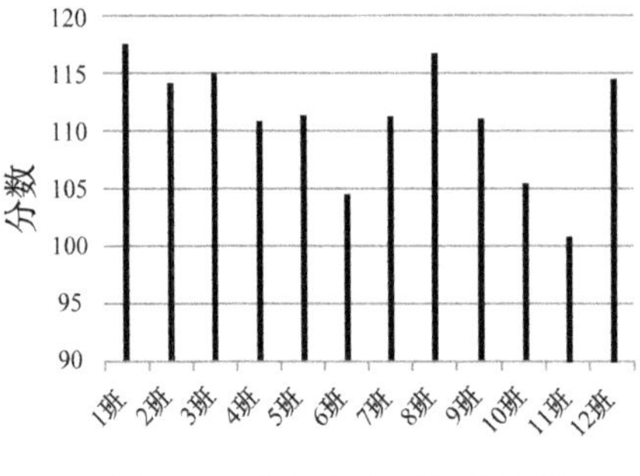

图3-2　八年级各班平均分统计

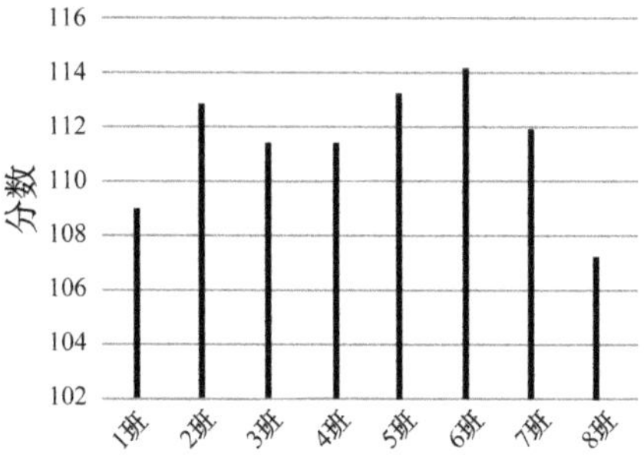

图3-3　九年级各班平均分统计

进一步分析创造性倾向的各个维度，发现从学生整体水平来看，八、九年级学生在冒险性、好奇性、想象力和挑战性上表现也几乎是一致的，如表 3-3 所示。

表 3-3　创造力倾向量表测验各维度分数统计

年级	冒险性	好奇性	想象力	挑战性	总分
八年级	24.3	32.0	27.3	27.7	111.3
九年级	24.5	32.0	27.1	27.8	111.4

(3)根据威廉斯创造力倾向测量表测验得分，可以把创造力水平分为创造力非凡(得分大于等于 135 分)、创造力强(得分为 120～134 分)、创造力适中(得分为 90～119 分)和缺乏创造力(得分小于 90 分)四个等级。四个创造力等级人数分布情况如表 3-4 所示。

表 3-4　创造力倾向量表各等级人数分布

年级	创造力非凡(得分大于等于 135 分)	创造力强(得分为 120～134 分)	创造力适中(得分为 90～119 分)	缺乏创造力(得分小于 90 分)	总计
八年级	21(3.6%)	151(26.2%)	368(63.9%)	36(6.3%)	576

续表

年级	创造力非凡(得分大于等于 135 分)	创造力强(得分为 120～134 分)	创造力适中(得分为 90～119 分)	缺乏创造力(得分小于 90 分)	总计
九年级	15(4.1%)	79(21.6%)	259(70.8%)	13(3.5%)	366

由表 3-4 可见,现阶段,我校八、九年级 942 名学生中,63%～70.8%的学生属于创造力水平适中的学生,只有 21%～26.2%的学生表现出高创造性,创造性非凡的学生占比只有不到 5%,而缺乏创造力的学生分别是八年级占比 6.3%和九年级占比 3.5%。

(4)我校学生的创造力水平统计分析数据是通过大样本的测试进行收集的,学生的创造力水平呈现出正态分布的特征。人类的某些特质和能力(如创造力)以及许多自然现象和社会现象中的随机变量,特别是在大样本情况下,通常可以近似地看作是服从正态分布的。

图 3-4 和图 3-5 分别为我校八年级和九年级学生的创造力水平统计图。

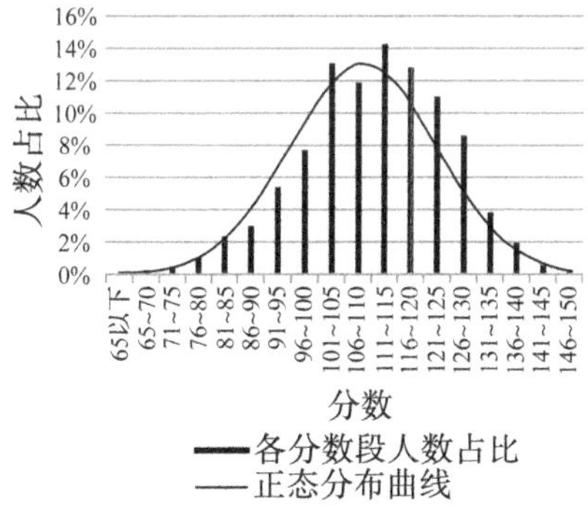

图3-4 八年级学生创造力水平统计

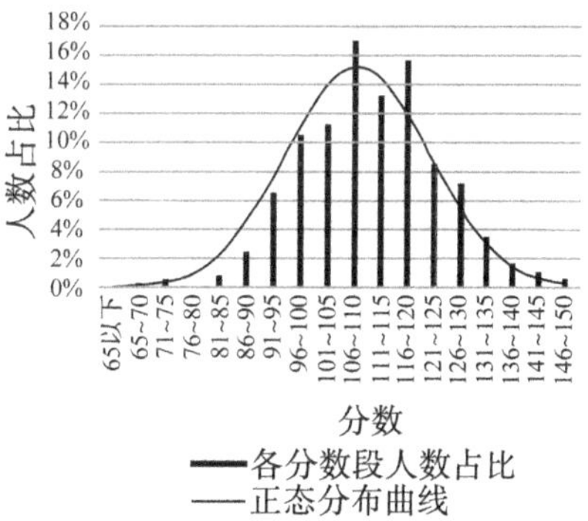

图3-5 九年级学生创造力水平统计

(二)实施项目化学习的学校规划

在学校中,将项目化学习应用于物理课程授课是一种创新的教学方法，它可以激发学生的学习兴趣和学习主动性，增强他们的人际合作和问题解决能力。从学校规划的层面来实施项目化学习需要考虑课程设计与整合、项目主题选择、师资培训、资源支持、时间和日程安排、学校文化和氛围、家长参与以及持续改进等多方面的内容。

1.课程设计与整合

我校将项目化学习纳入物理课程的整体教学设计中，确定了各项目化学习主题模块在物理课程中的进度和时长，或者作为课程的一部分，或者作为一个延伸学习的活动，确保了项目化学习的主体地位，避免了项目化学习成为单独的教学片段。

(1)明确学习目标。首先，明确项目化学习的学习目标和与物理课程相关的教学目标，确定学生需要掌握的知识和技能，以及他们在项目中需要展现的能力和素养。其次，确保项目化学习能够对学习目标和学生发展产生积极的影响。

(2)课程内容选择。选择与项目主题相关的课程内容，确保项目与物理课程内容有紧密的联系。项目化学习应该在课程中有明确的位置，不是简单的附加内容，而是与课程教学内容相互融合，形成有机的教学体系。

(3)整合学科知识。在项目化学习中，学科知识不应该孤立存在，而是要在实践中得到整合和应用。项目化学习往往需要跨学科的合作，比如在与能源相关的项目主题中，可以在项目中涵盖物理、化学、环境等多个学科的知识，帮助学生综合运用不同学科的知识来解决实际问题。

(4)确定项目时间。在课程设计中，要合理安排项目化学习所需的时间。考虑到项目的复杂程度和学生的学习进度，确定项目开始和结束的时间点，确保项目进程与其他学科和活动的协调性，避免过度压缩项目时间，导致学生学习负担过重。

(5)师生互动。在课程设计中,要强调师生互动的重要性。教师作为导师,应提供必要的指导和支持,同时鼓励学生自主学习和探索。学生应该感受到教师的关怀和鼓励,在项目化学习中得到充分的支持和引导。

(6)实践与改进。在项目化学习的实施过程中,及时收集学生和教师的反馈意见,了解项目化学习的实施效果。根据反馈意见,及时进行改进和优化,以不断提高项目化学习的质量和效果。

2. 项目主题选择

选择适合的项目主题对于项目化学习的成功至关重要。我校通过教师合作,确定了物理课程项目化学习的系列主题。主题应该具有足够的启发性和吸引力,能够激发学生的好奇心和学习兴趣。同时,还应考虑学生的年龄、学习阶段和背景,确保主题对他们来说是可行的和有意义的。

(1)与学科内容相关。首先,确保选择的项目主题与物理学科内容密切相关。其次,项目主题应该能够涵盖物理学科的核心概念,帮助学生理解和应用物理学原理。

(2)与学生兴趣相关。考虑学生的兴趣和爱好,在项目主题选择上给予学生更多的选择权。学校可以通过问卷调查、小组讨论等方式了解学生的兴趣领域,然后结合物理学科的内容,确定吸引学生兴趣的项目主题。

(3)实际应用和现实问题。选择与实际应用和现实问题相关的项目主题,让学生感受到物理学科在现实生活中的重要应用价值。比如可以选择与能源利用、环境保护等相关的主题,让学生通过项目化学习探索如何解决现实问题。

(4)鼓励创新和探索。在项目主题选择上,鼓励学生参与到创新和探索中。选择一些开放性的项目主题,让学生有机会自主提出问题,寻找答案,并展示他们的成果。这样的项目主题能够激发学生的创造力和培养核心素养。

(5)可行性和资源支持。确保选择的项目主题在学校条件下是可行的,并能得到必要的资源支持。学校应该评估项目实施的可行性,包括实验室设施、学习资料、科学工具等方面的支持,以确保项目能够顺利进行。

3. 师资培训

为了让教师能够有效地开展项目化学习,我校定期组织专门的师资培训。培训内容包括项目管理技巧、团队合作指导、学生导向教学方法、评估与反馈策略等。教师通过参与实际项目,能更好地理解项目化学习的过程和挑战,从而提高指导项目的能力和信心。

(1)需求调研。在进行师资培训之前,学校要先进行需求调研,了解教师在项目化学习方面的知识和技能水平,以及他们对于师资培训的需求和期望。通过调查、访谈等方式,收集教师的意见和反馈。

(2)交流与合作。在师资培训中,鼓励教师之间的交流与合作。设置讨论小组、分享会等环节,让教师们分享彼此的经验和教学方法,这样有助于激发教师的创新意识和教学热情。

(3)培训资源和资料。学校提供师资培训所需的资源和资料,让教师在培训结束后能够继续深入学习和探索项目化学习的内容。课题组购买了夏雪梅博士主编的《学习素养·项目化学习的中国建构丛书》、约瑟夫·S. 科瑞柴科和查琳·M. 克泽尼亚克编著的《中小学科学教学　项目式学习的方法与策略》等系列学习资料。

4. 资源支持

项目化学习通常需要一些实验室设施、学习资料和科学工具等支持。学校应该确保学生有足够的资源来进行实践和探索。如果学校条件有限,可以通过与社区、企业合作,获取更多的资源支持,如实地考察、专业讲座、实验设备等,以增强项目的实践性和深度。

(1)实验室设施。对于实验性质的项目,学校需要提供充足的实验室设施,包括物理实验室、化学实验室等。这些实验室应该配备必要的仪器和设备,以支持学生的实验研究和观察。

(2)学习资料。学校可以提供与项目主题相关的学习资料,如参考书籍、学术期刊、科学杂志、研究报告等。这些资料可以帮助学生深入了解项目的背景和相关理论知识。

(3)科学工具。对于一些特定的项目,学校可以提供相应的科学工具和器材,如测量仪器、计算工具、数据采集设备等。这些工具可以帮助学生进行实验和数据收集。

(4)技术设备。现代科技设备也可以成为项目化学习的资源。例如,计算机、互联网、多媒体设备等可以帮助学生进行信息检索、数据处理和展示。

(5)专业指导。学校可以邀请相关领域的专家、科学家、工程师等作为项目的专业指导,为学生提供专业的支持和建议。这些专业指导者可以分享实际应用领域的知识和经验,让学生更深入地了解项目的实际应用和意义。

(6)实地考察。实地考察是一种有力的资源支持方式。学校可以组织学生参观科研机构、企业、实验室等,让学生亲身感受科学研究和实际应用的场景,拓宽学生的视野。

(7)在线资源。学校可以利用互联网,获取丰富的在线资源。网络上有大量的教学视频、学习平台、科学数据库等,可以为学生提供更多的学习资料和知识。

5. 时间和日程安排

完整的项目化学习通常需要一周甚至几周的时间。学校应合理安排项目的时间和进度,确保项目完成质量。同时,也应避免项目过于冗长,影响学生的学习效率。在规划阶段，可以考虑将项目主题与课程的单元或主题相结合，以便更好地整合项目化学习和传统教学。

(1)确定项目周期。首先，学校和教师需要确定项目的周期。项目周期的长短应根据项目的复杂程度和学生的学习进度来确定，确保在项目完成前有足够的时间供学生进行实践和探索。

(2)划分项目阶段。将整个项目划分为若干个阶段，每个阶段有明确的目标和任务。每个阶段可以涵盖不同的主题，确保学生逐步深入学习实践，逐步完成整个项目。

(3)合理分配时间。在制订时间和日程安排时，要对不同的任务和活动合理分配时间。对于实验和探索性任务，需要更多的时间让学生进行实践和发现。

例如：项目化学习主题为“设计和制作简易滑翔机”。

项目周期为 4 周，分为以下几个阶段。

第一周：项目介绍和团队组建。学生在第一周了解项目任务和目标，组建小组，并开始进行相关的背景知识学习。

第二周：设计滑翔机原型。学生在第二周学习滑翔机的基本原理，进行设计，并用纸板等简单材料制作出滑翔机的原型。

第三周：实验与改进。学生在第三周进行滑翔机的实验，记录数据并进行改进，探索如何让滑翔机的飞行距离更远。

第四周：成果展示。学生在第四周准备项目展示，向其他同学和老师展示他们设计和制作的滑翔机，分享实验过程和心得体会。

6. 学校文化和氛围

学校文化和氛围对于项目化学习的成功至关重要。学校应该鼓励学生和教师在学习中尝试创新和实践，倡导积极的学习态度和探索精神。学校可以组织科技展示、学科竞赛等活动，让学生有机会展示他们的项目成果和学习成果。

7. 家长参与

家长是学生学习的重要支持者。学校应该积极鼓励家长参与项目化学习。教师通过与家长沟通项目的内容和目标，让他们了解学生在项目化学习中的学习进展和成果，鼓励家长在家庭中支持学生的学习和项目实践，营造全方位的学习环境。

(1)项目介绍会。在项目开始前，学校可以组织项目介绍会，邀请家长参加。在会上，教师详细介绍项目的内容、学习目标和参与方式，让家长了解项目化学习的意义和重要性。

(2)家长参与计划制订。学校应该鼓励家长积极参与项目化学习的计划制订。家长可以就项目主题、学习目标等方面提出意见和建议，为项目的设计和实施提供支持。

(3)家长志愿者。学校可以设立家长志愿者团队，邀请家长参与项目化学习的组织和实施。家长志愿者可以协助教师组织实践活动、提供学习资源等，增加学生在项目中的学习体验。

(4)项目展示和分享。在项目结束后，学校可以组织项目展示和分享活动，邀请家长参加。学生向家长展示他们在项目中的学习成果和收获，家长可以与学生交流和分享学习经验。

(5)家长反馈和评估。学校可以征求家长对项目化学习的反馈和评估意见。家长的反馈可以帮助学校了解项目化学习的效果和存在的问题，为持续改进提供依据。

8.持续改进

项目化学习是一个不断探索和改进的过程。学校应定期评估项目化学习的实施效果，通过问卷调查、教师反馈、评估成绩等多种方式收集反馈信息。根据反馈结果，学校可以有针对性地进行改进和优化，不断提高项目化学习的质量和效果。

二、教师层级

研究团队全体教师，在调查研究、理论学习的基础上，依据初中物理项目化学习中创新素养培育的内容体系，按照实施方案中的节点规划，依托培育手册，做好项目的实施、入项和出项等进程管理，并搭建好学习支架。

项目化学习课程和传统课程相比较，两者的实施难度和实施样态有很大的不同。就项目化学习课程流程而言，需要经历从入项到探索再到出项的基本阶段。本部分的阐述将以项目化学习总的流程为线索，提出关键阶段的实施要点。

（一）项目实施的节点规划

在项目化学习中，进行项目实施的节点规划是十分必要的。节点意味着项目的进展，节点规划有助于教师组织学习过程、合理分配时间和资源，有助于学生进行合理化地学习，保证学习任务可以按时完成，保证项目可以顺利进行并取得良好效果，同时可以为反馈和评估提供依据。

在为项目的实施制定节点规划时，教师可以从最终可能形成的各种项目成果开始，倒推项目的进程。对每一个节点，设置相应的评价点，评价点可以起到评估检测的作用，让教师和学生都清楚项目的设计走向。

项目实施节点规划工具表如表 3-5 所示。

表 3-5　项目实施节点规划工具表

项目名称		项目时长		授课教师	
驱动性问题					
关键节点			评价点		
节点 1	入项				
节点 2					
节点 3					
节点 4					
节点 5					
节点 6	出项				

表 3-6 是“探索简单电路”项目的实施节点规划工具表样例。

表 3-6　项目实施节点规划工具表样例

项目名称	探索简单电路	项目时长	4 周	授课教师	
驱动性问题	如何设计一个简单的电路，使灯泡可以亮起				
关键节点		评价点			
节点 1	入项	学生形成方案草案			
节点 2	学习基本的电学知识	了解电荷、电流、电压和电阻等基本概念，知道构成电路的基本要素			
节点 3	设计实验，组成电路，并进行电流和电压的测量	能够组成简单的电路，并学会测量电路中的电流和用电器两端的电压			
节点 4	学习串联和并联电路的构成与特点	了解串联和并联电路的特点和应用，并能够正确连接串、并联电路			

续表

关键节点		评价点
节点 5	设计并搭建简单电路	设计的电路能够点亮灯泡
节点 6	出项	

(二)项目实施的进程管理

如果希望对项目的实施进程进行更深入的规划,可以采用项目进程分解表,即把驱动性问题所涉及的最终任务分解为逐个要解决的子问题或子任务,并按照上述项目节点,规定每一阶段子任务的目标要求和完成时间。

项目实施进程管理表如表 3-7 所示。

表 3-7　项目实施进程管理表

项目名称		项目时长		授课教师	
驱动性问题					
目标分解		目标要求		完成时间	
节点 1	子任务 1: 子任务 2:				
节点 2	子任务 1: 子任务 2:				
节点 3	子任务 1: 子任务 2:				

续表

目标分解		目标要求	完成时间
节点 4	子任务 1： 子任务 2：		
节点 5	出项		

表 3-8 是“探索简单电路”中的项目实施进程管理工具表样例。

表 3-8 项目实施进程管理工具表样例

项目名称	探索简单电路	项目时长	4 周	授课教师	
驱动性问题	如何设计一个简单的电路，使灯泡可以亮起				
目标分解		目标要求		完成时间	
节点 1	子任务 1：了解电荷和电流的区别，掌握电流的测量单位安培； 子任务 2：了解电压和电阻的概念，掌握电压的测量单位伏特	了解电荷、电流、电压和电阻等基本概念，知道构成电路的基本要素		第 1 周	
节点 2	子任务 1：设计电流实验，搭建简单电路，测量电流强度； 子任务 2：设计电压实验，利用电压表，测量电阻两端的电压值	学会搭建简单电路，学会使用电流表和电压表		第 2 周	

续表

目标分解		目标要求	完成时间
节点3	子任务1：了解串联电路和并联电路的区别，掌握各种电路的连接方法； 子任务2：观察实际串、并联电路，分析电流和电压的分布情况	了解串、并联电路的特点和应用，能够正确连接串、并联电路	第3周
节点4	子任务1：选择适当的电源、灯泡和电线，设计电路图； 子任务2：搭建电路，检验灯泡是否亮起； 子任务3：优化电路，使灯泡更明亮、稳定	运用所学知识设计一个能够点亮灯泡的简单电路	第4周

上述项目实施节点规划工具表和项目实施进程管理工具表的规划和制订，可以师师协作完成，也可以师生合作制订，但更鼓励教师引导学生创建他们自己的项目日历和项目展板，并在教室内将其可视化地呈现出来。

三、学生层级

学生是初中物理项目化学习中创新素养培育的实践主体。教师通过开展项目化学习实践活动，让学生经历入项活动、知识与能力构建、探索形成成果、公开展示成果和反思与迁移等各个实践环节，并在实践中检验预期效果。

(一)入项活动

项目化学习中的入项活动是指学生在开始学习某个项目之前，通过一系列课堂活动来引入该项目的主题和内容，激发学生的兴趣，启发学生的相关知识和经验，为后续的学习奠定基础。好的入项活动设计既能让学生对该项目产生好奇和兴趣，又能使学生理解项目的意义和目标。

1.初中物理项目化学习中主要包含的入项活动种类

(1)问题引入。教师提出有趣的问题，让学生思考和猜想，引发好奇心。例如，在学习有关比热容的项目时，可以向学生提问："为什么夏天踩在水泥地上会觉得很热，而踩在草地上会凉快一些？"

(2)实验引入。通过观察实验现象，可以触发学生的某些认知冲突，激起学生想要了解现象背后机理的冲动，为引入后续的理论知识打下基础。例如，在学习浮力原理前，可以让学生观察不同物体在水中的浮沉现象。

(3)图片或视频引入。通过播放相关图片或视频，展示与物理项目相关的实际应用或有趣现象，能够吸引学生的注意力。例如，在学习光学原理前，播放彩虹形成过程的视频。

(4)故事讲述引入。通过讲述与物理项目相关的故事或历史事件，能够引发学生的情感共鸣，增加学生学习的兴趣。例如，在学习电磁感应前，讲述法拉第发现电磁感应现象的故事。

2. 好的入项活动应该具备的特征

好的入项活动能够在学生开始学习新的物理项目时，引起学生的学习兴趣、激发学习动力，为后续的学习打下坚实的基础，并使学生更加主动积极地投入学习过程。

好的入项活动应该具备以下特征：

(1)引发兴趣和好奇心。入项活动应该设计得引人入胜,激发学生的兴趣和好奇心。通过生动的场景、有趣的问题或引人入胜的故事,吸引学生的注意力,让他们渴望进一步了解项目内容。

(2)与学生经验相关。入项活动的内容应该与学生的日常生活密切相关。这样可以让学生更容易理解和接受新的知识,并能将所学的内容与实际应用联系起来。

(3)启发前知识。入项活动应该充分利用学生已有的知识和经验,为后续的学习奠定基础。通过提问或回顾,唤起学生的前知识,让他们乐意将新知识融合到已有的认知框架中。

(4)引导将学习兴趣转化为学习动力。入项活动应该能够引导学生对学习内容产生浓厚的兴趣,并将这种兴趣转化为持续的学习动力。激发学生对知识的追求和探索欲望,让他们主动投入学习过程中。

(5)适应学生特点。入项活动应该根据学生的年龄、认知水平和学科特点进行合理设计。不同年级的学生有不同的学习需求和特点,入项活动应该适应这些特点,使其更具针对性和有效性。

3. 入项活动中的思维工具

在项目化学习中,KWL 表是一种常用的学习工具,它可以帮助学生在学习项目的过程中更加有目的性和系统性地获取和整理知识。KWL 表的名称来源于英文单词或短语 know(已知)、want to know(想知道)和 learned(已学)的首字母,它分为三个部分,用来记录学生在学习项目前已经了解的知识、希望学习的内容以及学习过程中实际学到的知识。

(1)KWL 表的使用步骤:

①know (已知):在这一部分,学生记录他们在学习项目前已经了解的相关知识、经验和观点。这些信息可以是学生从之前的课堂、书本、互联网或生活经验中所知道的内容。教师可以帮助学生进行回顾和整理,

以激发学生对新知识的兴趣。

②want to know（想知道）：在这一部分，学生记录他们对学习项目中尚未了解或不太清楚的内容和问题。这些问题可以是学生对物理项目的好奇，或者是对之前所了解内容的进一步追问。这部分的内容有助于激发学生主动探索的欲望。

③learned（已学）：在学习项目的过程中，学生记录他们实际学到的新知识、理解的概念和解决的问题。这部分内容帮助学生总结和巩固所学的知识，同时也可以成为日后复习和回顾的重要资料。

(2)KWL 表的优势和作用：

①学习导向。KWL 表帮助学生在学习前明确自己已知和未知的知识，有助于学习目标的设置和学习方向的确定。

②自主学习。通过"想知道"部分，学生可以自主提出问题，主动寻找答案，培养自主学习的能力。

③知识整合。通过 KWL 表的记录，学生可以将学习过程中获取的知识整理和归纳，加深对知识的理解和记忆。

④教学反馈。教师可以根据学生填写的 KWL 表，了解学生的学习需求和知识掌握情况，有针对性地进行教学和指导。

(3)KWL 表的应用样例。表 3-9 是以 KWL 表格的形式列出的初中物理项目化学习主题"声音传播"的例子。

表 3-9　项目实施节点规划工具表样例

已知(know)	想知道(want to know)	已学(learned)
声音是由物体振动产生的	声音在空气和水中传播的速度有什么区别	声音在空气中的传播速度大约是 340 m/s，在水中的传播速度大约是1500 m/s

续表

已知(know)	想知道(want to know)	已学(learned)
声音需要媒介(如空气、水)传播	声音是如何被接收和识别的	声音被耳朵接收后,会通过耳膜、鼓膜等器官传递到听觉神经,然后被大脑解码成听觉信息
声音是通过声波传播的	声音的频率和振幅对声音传播有什么影响	声音的频率决定了声音的音调,振幅决定了声音的响度

通过KWL表格,学生可以清晰地了解自己在学习"声音传播"主题前已经知道的内容,也能记录下他们希望在学习中了解的问题。在学习过程中,学生会逐步解答"想知道"部分的问题,并将新学到的知识填写在"已学"部分。随着学习的进行,学生可以不断更新KWL表,记录自己的学习成果和对知识的掌握程度。

教师可以利用KWL表格,了解学生的学习需求和水平,有针对性地进行教学和指导。同时,学生填写的KWL表也是他们学习成果的展示,可以与同学分享,促进学习交流和合作。KWL表的使用,能够帮助学生更有针对性地学习主题知识,激发学生的学习兴趣,提高学生参与物理项目的主动性和积极性。

(二)知识与能力建构

项目化学习不是学生已有知识与能力的展现,而是知识与能力的再建构。项目化学习是一种强调学生在实际项目中通过解决问题和完成任务来建构新的知识与能力的学习方法。这种学习方法不仅仅是展现学生已有的知识与能力,更重要的是在高质量解决问题的过程中,学生需要整合、应用、拓展已有的知识,从而重新构建新的知识与能力。这种学习方式强调实践和经验的重要性，学生在实际项目中会遇到各种挑战和复杂情境，需要灵活运用知识和技能来应对。项目的推进过程就是学生知识与能力建构的过程。

1.知识与能力的建构过程

在项目化学习中，知识与能力的建构是一个有机的过程。学生通过项目的实际探究和问题解决，将课堂上学习的理论知识应用于实际场景，并在实践中不断探索和反思，从而逐步建构新的知识与能力。

首先，学生在项目开始前，需要明确项目的目标和任务。项目目标明确指导学生的学习方向，让他们知道应该学什么、学到什么程度。

其次，学生需要收集相关的背景知识和理论知识，为解决问题做好准备。这些知识可能涉及多个学科领域，需要学生进行跨学科整合，形成综合的认知。

再次，学生通过实际操作和实践经历解决问题，从中获得新的认知和体验。在实践过程中，学生可能会遇到各种挑战和困难，需要灵活运用已有的知识，并学会在实践中不断调整和改进方法，需要不断反思和总结经验。通过反思，他们能够发现自己的不足和需要改进的空间，同时也能够巩固已有的知识，加深对知识的理解。

最后，通过完成项目，学生将获得新的知识和技能，同时培养了创造性思维、批判性思维、沟通协作等综合能力。

2.什么是好的知识与能力建构？

项目化学习是学生建构新知识，发展创造性、批判性思维，提升沟通协作等能力的过程。知识与能力建构是学生在教师创设的学习任务中，在教师提供资源和支架支持情况下的知识与能力发展。

好的知识与能力建构需要满足以下几个特征：

(1)要精准地指向项目目标。知识与能力的建构要精确地指向项目目标，这对于项目化学习至关重要，原因如下：

①明确学习方向。项目目标的明确可以指导学生的学习方向，让学生知道应该专注于什么，避免学习过程中的盲目性。

②提高学习动机。明确的目标可以激发学生的学习兴趣和动力。学生了解到自己学习的目的和意义后，会更加主动地投入学习。

③聚焦学习内容。项目目标的明确可以帮助学生聚焦学习内容，避免在学习过程中偏离主题，使学习更加高效。

④促进合作与沟通。明确的项目目标有助于团队成员在解决问题和实现目标的过程中更好地协作与沟通，形成高效的团队合作。

知识与能力建构若想精确地指向项目目标，应注意以下几点：

①清晰的项目定义。明确项目的目标和任务，确保项目的方向准确，避免过于模糊或笼统的描述。

②分解目标与任务。将项目目标分解为具体的任务和子目标，让学生逐步实现并达成更小的目标，有利于学生逐步建构新的知识与能力。

③设定评估指标。设定明确的评估指标，用于衡量学生在项目中的学习进展和成果是否达到预期目标。

④持续反馈与调整。在项目进行过程中，及时提供反馈，指导学生修正和改进学习方法和方向，确保学习的准确性和有效性。

⑤鼓励自主探索。鼓励学生在项目中进行自主探索和独立思考，发现问题并寻找解决方案。

⑥强调项目意义与价值。向学生明确项目的意义和价值，让他们认识到项目的重要性，从而增加学习的动机和投入程度。

(2)要让学生经历“有效失败”。知识与能力建构的“时机”要恰当，要让学生经历“有效失败”。“有效失败”指的是让学生在尝试解决问题或完成任务时，由于某些原因未能取得预期的成功，但从中获得了有益的教训和经验。这种失败并不是毫无意义的，而是为学生提供宝贵的学习机会和成长空间的失败。

下面是对教师如何把握恰当时机、让学生经历“有效失败”的一些建议：

①创建支持性学习环境。教师应该创建一个支持性、鼓励探索和试错的学习环境。学生应该感受到在失败时不会受到严厉的批评或评判，而是受到鼓励和理解。

②设定挑战性任务。教师可以为学生设计一些稍微超出他们当前能力水平的挑战性任务。这些任务应该是可以完成的，但需要学生付出努力和思考。

③鼓励学生独立思考。教师应该鼓励学生独立思考，并给予他们在解决问题时一定的自主权，这有助于培养学生的自主学习和解决问题的能力。

④培养学生的坚韧心态。教师应该帮助学生培养坚韧心态，让他们知道失败是成功的一部分，重要的是从失败中吸取教训并继续努力。

⑤引导学生反思。当学生经历失败时，教师应该引导他们进行反思，帮助他们认识到失败的原因和不足之处，并提出改进的方案。

⑥赞赏学生的努力。无论学生的尝试是否成功，教师都应该赞赏他们的努力和付出，让学生感受到自己的付出是受到重视的。

(3)要迭代学生的项目成果。知识与能力的建构过程是学生的项目成果不断优化和迭代的过程。迭代是指在已有成果的基础上进行反复修改、完善和提升。在项目化学习中，学生的阶段成果或最终项目成果往往不是一次性完成的，而是经过多次迭代和改进才能达到更高的水平。

通过迭代，学生可以发现项目中的不足和改进的空间，从而逐渐提高项目成果的质量。在迭代过程中，学生审视自己的项目成果，并进行深入的思考和评估，培养批判性思维能力；学生应该学会接受他人的意见和反馈，并学会从他人的反馈中吸取经验。

（三）合作学习形成成果

在项目化学习中，学生通常以小组为单位，通过合作学习，共同完成一个有明确目标和任务的项目。学生在项目中通过探究、研究和实践，融汇知识与技能，最终形成项目化学习成果。

1.合作学习

在项目化学习的课堂上，合作学习是其主要的教学特点。在这个情境中，学生、教师共同努力，尝试解决一个大家感兴趣的重要问题。合作学习要求学生与他人共同努力，进行探究，解决问题。合作学习大多优于个体独立学习，因为它能够使学生共同致力于具有挑战性的任务，能够帮助学生更像科学家一样投入科学研究。

(1)合作的本质。合作是指学生、教师共同思考，努力探究某一问题。当学生与他人共同努力探究问题并建构解释时，他们形成了一个学习共同体。在这个学习共同体中，学生、教师一起工作，寻找解决问题的方法。教师可以运用维果斯基（Vygotsky）提出的最近发展区理论创设学习环境，使学生能与具有不用专业知识水平的人接触，这样就有了多个最近发展区。最近发展区是指学生能够独立完成的任务与他在具有更多知识和更强能力的人的帮助下能够完成的任务之间的差异，可以看成学生在更有学问的人的帮助下能学习到的认知任务的范围。

与其他类型的小组安排不同，当学生与他人合作建构解释时，合作学习鼓励高度的平等和目标一致。“平等”是指小组成员带给小组的知识和能力的水平是相似的。合作课堂中每个成员的贡献应该平等。“目标一致”是指小组内的学生拥有共同的目标。小组内的学生应努力回答同样的问题，完成同样的任务，达到同样的目标，或者发现同一问题的解决方法。拥有共同目标将提高学生完成任务的动机，因为学生都认为他们在项目中扮演着重要的角色。

合作对项目化学习非常重要，因为它体现了科学家日常工作的性质。这与科学家的工作方式是一致的，因此通过合作可以帮助学生体验科学家和工程师的工作。如今，大多数科学和工程问题都需要通过合作来汇聚解决问题所需的各种知识、资源和经验。

(2)合作的类型。在项目化学习的环境中，团队的所有成员之间都会进行合作。当学生在理解现象或解决问题的过程中挑战他人的想法时，就会进行更深层次的学习。合作能够促进物理等科学学科的学习，因为学生可以对他人的想法进行讨论和论证，从而促进学生深度体验和思考。表 3-10 总结了初中物理项目化学习中的主要合作类型，并给出了一些示例及其优点。

表 3-10　项目化学习中的主要合作类型

合作类型	示例	优点
实验探究	在实验室中，小组共同研究光的反射现象	①学生可以共同观察现象，分析实验数据，深入理解物理现象； ②学生共享实验设备，提高实验效率； ③学生通过合作学习培养团队合作精神
模拟实践	小组共同制作物理模型	①学生通过制作模型，将抽象概念具象化； ②小组成员相互配合，共同完成模型制作； ③模拟实践培养学生的动手能力

续表

合作类型	示例	优点
小组讨论	围绕牛顿第一定律进行小组讨论	①学生在小组内共同讨论问题,充分交流观点,深入理解物理概念; ②小组成员相互激励,促进主动学习; ③学生通过讨论提高批判性思维
调查研究	小组合作调查当地的能源利用与环境保护情况	①学生通过调查研究,积极探索问题,培养科学探究精神; ②学生合作收集资料,共同整理与分析数据

(3)创设合作环境。合作并不是自然而然地发生的,教师必须在课堂上创设合作学习的环境。学生需要合作的经历和指导,才能明白什么是真正的合作。下面从如何分组、如何发展合作能力以及如何让所有学生平等参与三个方面,简要阐述创设合作环境时的一些注意事项。

①分组。学生在小组合作之前,必须先分组,分组时教师需要考虑很多因素。

一是学生的兴趣和能力。教师应该根据学生的兴趣爱好和学习能力进行合理的小组分组。将具有相似兴趣和学习能力的学生放在同一小组,可以激发他们的学习热情,提高小组合作的效率。

二是学生之间的友好关系。教师应该考虑学生之间的友好关系,尽量避免将不和谐的学生放在同一小组。友好的小组氛围有助于学生之间的交流和合作,增强团队凝聚力。

三是学生的背景和经验。教师应该考虑学生的背景和经验,尽量在小组中形成互补的团队。有些学生可能有特殊的背景知识或技能,可以与其他学生分享和借鉴。

四是小组规模。小组成员过多可能导致学生之间交流不畅或任务分配不均，而过少可能影响小组合作的活跃度。一般来说，3～5人的小组规模比较合适。

五是平衡性和多样性。教师应该尽量让每个小组都有相对均衡的学生水平，以及不同性格和背景的学生，这样可以提高小组之间的竞争性和创新性。

②发展合作能力。为了促进合作，教师需要帮助学生发展合作能力。为了能有效合作，学生需要培养决策、完成任务、建立信任、沟通交流和处理矛盾的能力。

一是决策能力。在项目化学习课堂中，学生需要作出很多决定，如决定人员的分工、时间期限和进程、活动和资源等。教师可以通过向学生提供目标清单来帮助学生发展决策能力。学生使用这些目标清单来进行合理的分工、时间安排、实施计划和进程安排等。

二是完成任务的能力。完成任务的能力必须教给学生，以使他们关注驱动性问题，并在合理的时间内完成项目。学生可以利用进程报告回顾一天或一周之中完成了多少任务。教师可以让学生上交进程报告，与班级同学分享或放在评价记录中。

三是建立信任的能力。建立信任是合作的一个关键方面。建立信任使学生在小组中工作时感到轻松，每一个学生都能放心地提出建议或意见、参加讨论和为回答驱动性问题提供帮助。教师通过让每个人参与讨论，使学生学会在组内建立信任。当所有学生感到自己的想法被倾听和考虑时，他们将更愿意信任同伴。

四是沟通交流的能力。为了成功地合作，学生需要掌握沟通交流能力。沟通交流能力包括清楚地表达和认真倾听。清楚地表达是指与他人说话时发音正确、用适当的音量、使用手势并面对他人。在有效的交流中，认真倾听与表达一样重要。学生往往喜欢自己说而常常不认真听别人说，教师需要教他们如何积极倾听。

五是处理矛盾的能力。组员之间难免会有矛盾产生，学生也需要培养处理矛盾的能力。首先要弄清分歧原因，分歧主要来自学生常常很难理解他人的观点，一方面是因为年龄较小，另一方面是因为缺乏经验。其次，学生需要学会协商。协商不是一个人的胜利，另一个人的失败。它的结果是达成一个共同的决议，实现双赢。如果协商结果不能达到双赢的局面，学生需要学会妥协。这时学生若要解决分歧，每一方或个人都要做出一些让步来达成一致，最后的决定可能结合不同意见的合理部分。

③让所有学生平等参与。合作的基本特点就是所有成员平等参与。然而，因为缺乏自信、不善于合作、文化差异和不了解他人，学生常常不愿意合作。学生需要理解通过合作得出的成果和观点必须代表团队中的每个人。每个学生都应感到自己对合作工作的贡献是必不可少的。积极的相互依赖可以通过建立共同的目标、建构共同理解、分工和分配角色来实现。

一是建立共同的目标。教师可以通过教学生从个人观点转变为小组观点，从而让学生建立共同的目标。在项目化学习的所有阶段（设计驱动性问题，计划和实施探究，形成、修改和分享成果），学生首先要写下自己的想法，然后在小组内分享想法，最后通过比较，建立一个共同的目标。

二是建构共同的理解。为了建构共同的理解，教师需要让学生通过讨论有关现象或方案来理解现象或设计问题的解决方案。首先，要让学生认真倾听彼此的意见。当所有的想法都提出来后，学生讨论这些想法的相同点和不同点。然后，理解这些想法的相同点和不同点，帮助组内的学生互相听取意见，阐明想法和建构理解。

三是分工。当学生为了探究驱动性问题而与他人合作、协商、妥协和联系时，分工就产生了。学生需要明白，只有当组员平等地参与工作时，才能产生真正的公平。所有的学生需要扮演积极的角色，没有人拥有支配权。在合作的环境中，教师在分工时起到指导作用，保证学生互相听取想法，而不是各干各的。

四是分配角色。如果学生一起工作有困难，分配角色将能缓解这一问题。分配角色保证所有的学生都能参与，没有谁占主导地位。要求每个学生负责一部分任务也可以增强他们的责任感。分配角色是为了教学生学会合作，随着学生在完成项目化任务时越来越熟练，角色将变得更加自然，并融入项目文化中。

2.项目成果

项目化学习与其他形式学习方式的一个重要区别在于，项目化学习需要产生可视化的公开成果，通过显性的项目成果体现学生的学习过程。初中物理项目化学习中的项目成果类型、示例及其描述如表 3-11 所示。

表 3-11　项目成果类型、示例及其描述

项目成果类型	示例	描述
实验报告或研究论文	学生通过实验探究，撰写关于光的反射现象的实验报告	学生进行实验或科学研究，记录实验过程、数据和结论，对物理现象进行解释和分析
模型或装置展示	学生制作太阳系模型，并在展示中解释行星运动	学生制作物理模型或实验装置，通过展示向他人介绍物理原理或解释物理现象
科普海报或展板	学生制作关于静电的科普海报，向同学介绍静电现象	学生制作科普海报或展板，用简洁有趣的方式向同学或他人传达物理知识

续表

项目成果类型	示例	描述
视频演示	学生制作物理实验视频演示，解释磁场的作用	学生通过制作视频演示，展示物理实验、模拟实践或其他项目成果，以口头表达的方式传达物理知识
解谜或推理游戏	学生设计关于力学的解谜游戏，让同学通过解题理解牛顿定律	学生设计物理谜题、解谜或推理游戏，让其他同学通过解题来理解物理原理或应用物理知识
小组演示或辩论	学生小组共同准备光学演示，展示光的折射与反射	学生小组合作准备演示或辩论，展示或讨论一个物理概念或问题，通过口头表达交流和阐释观点
调查研究报告	学生进行调查研究，撰写关于当地能源利用与环境保护的报告	学生进行调查研究，了解社会问题与物理知识的关联，提出相应建议
实地考察总结	学生实地考察风力发电站，了解风能转换成电能的过程	学生进行实地考察，总结实地观察和调查结果，并与学校学习的物理知识进行对比与分析

(1)什么是好的成果。在初中物理项目化学习中，好的成果是指学生通过项目化学习取得的优秀、有意义且富有成效的学习成果。这些成果应该能够展现学生的学习成就和对物理核心知识的理解，同时反映出学生在合作、探究、实践和创新方面的能力。

好的成果应具有如下的特点：

①准确性和深度。好的成果应该表现出学生对物理知识的准确理解和深度掌握。学生在项目中要展现对物理概念的正确解释和运用，能够在实际情境中灵活运用所学知识。例如，在光学项目中，好的成果应该明确解释光的折射和反射规律，并能够准确地描述光在不同介质中传播的

现象。

②创新性。好的成果应该具有一定的创新性。学生可以选择研究一个新颖的物理问题，提出新的实验方案或从不同角度解决问题。创新性的成果能够展现学生独特的思考和创造力。例如，在力学项目中，学生可以设计一种新的实验方法来验证阿基米德原理，从而展示出创新性的成果。

③合作与团队精神。好的成果是小组成员共同合作的结果，体现了学生良好的合作态度、团队意识和协作能力。在项目中，学生需要分工合作，互相协助，共同完成任务。好的成果应该展现小组成员之间的默契和团结。例如，在声学项目中，学生可以合作完成一组声音传播实验，共同分析实验结果和总结结论。

④实用性。好的成果不仅体现在理论层面，还要能转化为实际应用，解决实际问题，或设计出实用的装置或模型。学生在项目中可以设计一个实用的物理装置，来解决日常生活中的问题，或者应用物理原理来解决实际应用中的问题。例如，在力学项目中，学生可以设计一个简易的机械装置，用于提高物体的移动效率。

⑤规范性。好的成果应符合学术规范，包括清晰的结构、完整的数据支持、准确的引用和参考文献。学生在展示成果时，应该遵循规范的学术写作和报告格式，确保内容的逻辑性和完整性。例如，在成果报告中，学生应该明确表明实验步骤、数据处理方法、实验结论等。

⑥展示能力。好的成果不仅需要学生在完成报告或演示时表现出色，还要能通过各种形式有效地向他人传递物理知识和研究成果。学生应该具备良好的口头表达和演示能力，能够用简洁清晰的语言向观众介绍研究内容。例如，在成果展示时，学生可以利用科学海报、视频演示或口头演讲等形式，生动地呈现研究成果。

⑦对学习过程的反思。好的成果能够反映学生在项目化学习中的成长和收获，包括对项目中遇到的问题的解决方案，以及在合作中的体会和感悟。学生应该能够对项目化学习进行自我反思，总结学习过程中的得与失，为未来的学习提供经验和启示。例如，在成果报告中，学生可以谈及在项目中面临的困难和解决方法，以及在小组合作中获得的收获。

(2)成果量规。项目化学习中的项目成果量规是用于评价学生在项目化学习中所取得的成果和学习效果的标准。它是对学生在项目中完成的任务、解决问题、提出创新和展示学习成果的具体要求和评价指标。通过成果量规，教师可以客观地评估学生的学习成果，帮助学生发现自己的学习优势和不足，并提供有针对性的反馈和指导。

项目成果量规通常涵盖以下几个方面：

①项目目标达成度。评估学生是否在项目化学习中达到预定的学习目标，这包括项目中规定知识的掌握、技能提升和解决问题等方面。例如，项目目标可能是学习特定的物理原理、设计一个物理实验、解决一个科学难题等。

②实施过程性表现。评估学生在项目实施过程中的表现和参与程度，这包括学生在小组合作中展示的团队精神、对项目的贡献程度、自主学习和解决问题的能力等。教师可以观察学生的合作态度、主动性、批判性思维和解决问题的方法，以评估实施过程的效果。

③学术与专业素养。评估学生在项目中展示的学术和专业素养，这包括学生的学术写作规范、数据收集与分析的能力、实验技巧等，学生是否能够准确使用学科专业术语、有效地撰写实验报告、运用科学方法进行数据分析等。

④创新性与独立思考。评估学生在项目中展现出的创新性和独立思考能力，这包括学生是否能够提出独特的问题、设计创新的实验方案、提

供新颖的解决方法等。学生是否能够展示出超越课本知识的思考和探索，将影响项目成果的深度和广度。

⑤成果展示与交流。评估学生在项目展示和交流过程中的表现。学生是否能够有效地口头表达、制作清晰的图表或科学海报来展示项目成果，以及能否向观众传递清晰的学习成果，都是影响成果展示效果的关键因素。

⑥符合规范与要求。评估学生的项目成果是否符合学术规范和项目要求，这包括项目报告的格式是否规范、数据是否准确和可信、实验操作是否按照规程进行等。符合规范与要求的成果能够提高项目化学习的可信度和学术价值。

下面以光的折射角测量仪项目为例，简要说明项目成果量规，如表3-12所示。

项目名称：光的入射角、反射角和折射角测量仪。

项目描述：本项目旨在设计一种简易的光的入射角、反射角和折射角测量仪，通过实验测量不同介质中光的入射角、反射角和折射角，探究光在不同介质中传播时的行为，验证光的反射定律和初步得出光的折射规律。该成果旨在帮助初中生深入理解光的反射定律和了解光的折射规律，并培养学生的工程设计能力和科学探究精神。

表 3-12　项目成果量规示例

成果量规	详细说明	优秀	良好	及格
设计方案的完整性	设计方案清晰、完整，包含实验步骤、所需材料和光的传播原理说明	设计方案完备，包含详尽的实验步骤和相关理论解释	设计方案较完整，包含必要的实验步骤和理论解释	设计方案基本完整，但缺少详尽的实验步骤和理论解释

续表

成果量规	详细说明	优秀	良好	及格
角度测量的准确性	成果能够准确测量光线从一种介质射入另一种介质时的入射角、反射角和折射角,并记录实验数据	实验数据准确可靠,入射角、反射角和折射角测量精度高	实验数据较为准确,入射角、反射角和折射角测量精度一般	实验数据不够准确,入射角、反射角和折射角测量精度较低
实验操作的简便性	设计简易实用的光的入射角、反射角和折射角测量仪,适合初中生进行实验操作	实验操作简单易行,仪器易制作	实验操作较简单,仪器制作较为复杂	实验操作较烦琐,仪器制作较复杂
创新性	具有一定的创新性,如新颖的设计方案或实验的拓展应用	设计方案富有创意,实验方法或应用有新颖之处	设计方案较为创新,实验方法或应用有一定新颖之处	设计方案缺乏创新,实验方法或应用较为常规
合作与团队精神	小组成员共同合作,体现学生良好的合作态度和团队合作精神	成员协作默契,相互支持,共同完成任务	成员合作良好,共同完成大部分任务	成员合作一般,完成任务较为独立

(四)出项活动

在项目化学习中,出项活动指的是项目最终成果的呈现方式。这是学生完成项目后,将他们的学习成果向他人展示的阶段。出项活动是整个项目化学习过程的收尾环节，通过展示学生的成果，让他们在真实的情境中应用所学的知识和技能。

以初中物理为例，在详细解释项目化学习中的出项活动时，可以设想一个名为“简易电路设计”的项目。这个项目的目标是让学生通过设计和搭建简单的电路，理解基本电路元件的使用和电路的连接方式。

(1)口头报告。学生可以在课堂上进行口头报告，向老师和同学展示他们设计的电路。在报告中，他们可以描述电路的功能、所用的元件、电流的流动方向以及可能的应用场景。

(2)海报展示。学生可以设计一张电路设计的海报。海报上可以绘制电路的图示，标明各个元件的名称和连接方式，并简要说明电路的工作原理。

(3)演示文稿。学生可以使用演示文稿软件，制作电路设计的演示文稿。文稿中可以包括电路的图示、图片、文字说明和可能的改进方向。

(4)实物展示。学生可以将他们制作的简易电路实物带到课堂进行展示。通过实物展示，其他同学可以亲自观察电路的构造和工作情况。

(5)视频展示。学生可以录制一个视频，演示他们设计的电路是如何工作的。视频中可以展示电路的组装过程和实际运行情况。

(6)展览或竞赛。学校可以组织一个物理展览，让学生将他们的电路设计展示给更多人。此外，学校还可以举办一个简易电路设计竞赛，让学生之间进行交流和竞争。

通过这些出项活动，学生能够深入了解电路的原理和设计方法，同时锻炼了他们的表达能力和沟通能力。观众也能够从学生的展示中学习到物理知识，并激发更多学习物理的兴趣。

1.什么是好的出项活动?

好的出项活动在项目化学习中起着至关重要的作用，它能够充分展示学生在整个项目过程中所学到的知识和技能，激发学生的学习兴趣和创造力。好的出项活动应该是一个综合性的展示，既要突出学生的学习成果，又要展现他们的创意和才华。这样的活动能够激发学生的学习热情，提高他们的学习动力，也能够让观众更好地理解和欣赏学生的努力和成果。

以下是一些好的出项活动的特点：

(1)与项目目标相关。好的出项活动应该与项目的核心目标和主题紧密联系。学生在展示中要明确呈现他们在项目中所解决的问题、涉及的物理知识和应用。这样的联系能够使观众更好地理解学生的学习成果和项目的意义。

(2)具有创意和创新。创意和创新是项目化学习的重要价值之一。出项活动应该鼓励学生寻找不同寻常的展示方式，使用新颖的元素或方法来吸引观众的注意。例如，学生可以使用虚拟现实技术演示电路工作，或设计一个有趣的故事情节来说明物理现象。

(3)能够吸引观众。好的出项活动应该有吸引力，让观众产生浓厚的兴趣。学生可以运用视觉效果、声音、幽默表现等手段，使展示更生动有趣。同时，展示时要与观众进行互动，回答问题，引导观众思考，加深对物理概念的理解。

(4)体现团队合作。如果项目是团队合作的，出项活动应该能够展现团队合作的成果。学生可以展示团队成员在项目中的贡献，表达合作的价值和意义；也可以展示他们协调配合的过程，比如团队讨论的视频片段或合作设计的流程图。

(5)注重内容和形式的平衡。出项活动需要兼顾内容的准确性和深度，同时也要注重形式的美观和吸引力。学生的展示应该清晰明了，结构有序，并能够用简洁的语言阐述物理概念。此外，学生可以使用图表、视频等多种形式来增强展示的效果。

(6)有意义和实用性。出项活动的内容应该有一定的意义和实用性。学生可以展示他们的电路设计在实际场景中的应用，或者演示一些简单的物理实验，让观众明白学习物理的重要性。

(7)鼓励反思和总结。好的出项活动不仅能呈现学生的成果，还应该鼓励他们进行反思和总结。学生可以在展示的过程中分享他们在项目中遇到的困难和解决方法，让观众了解到学习中的成长和发展。

2.出项中各方主要的角色

一个好的出项活动离不开所有人的支持，包括作为支持者的学校管理团队、具体负责项目的教师、作为出项组织者的学生以及各类参观者。在此主要分析出项中各方主要的角色。

(1)学生的角色。出项活动中学生通常扮演以下角色：

①项目组成员。学生在团队中扮演特定的角色，负责完成项目的不同部分。他们需要展示自己在项目中的贡献和所负责的任务。

②主讲人。项目组中的一个学生或几个学生可能会被指定为主讲人。主讲人负责在展示中向观众(可能是教师、同学、家长等)介绍整个项目的内容，包括项目的目的、方法、结果和结论等。

③演示者。项目可能涉及一些实验、模型或演示，需要学生作为演示者展示这些实验或演示过程。

④图文制作人员。学生可能需要准备项目展示所需的图表、幻灯片或其他多媒体内容，并在展示中进行呈现。

⑤问题解答者。观众在项目展示过程中可能会提出问题，学生需要做好回答这些问题的准备，并解释他们在项目中的学习和发现。

⑥观众。学生不仅是项目展示者，还是观众。在其他同学展示项目时，他们应该认真聆听，提出有建设性的问题和意见。

(2)教师的角色。教师在这个阶段担任出项活动的指导者和评估者，以确保学生的出项活动得到有效的展示和评估。教师的参与对于项目化学习的出项阶段至关重要，他们在整个过程中的支持和指导，有助于确保学生能够充分展示他们的学习成果，并从中获得积极的学习体验。

在出项阶段教师的作用涵盖以下方面：

①指导学生准备。在出项活动之前，教师将指导学生准备他们的展示内容。教师可能会与学生一起讨论出项的目标和要求，帮助学生明确出项的重点和内容。

②提供反馈和建议。教师会对学生的成果展示进行评估，并提供及时的反馈和建议。这有助于学生了解他们在展示中的优势和需要改进的方向。

③组织出项活动。教师负责组织整个出项活动。他们可能安排时间和场地，邀请相关的观众，确保出项活动顺利进行。

④促进学生互动。教师可能在成果展示活动中促进学生之间以及学生与观众之间的互动。这可以帮助学生更好地交流和分享他们的学习成果。

⑤评估学生表现。教师会对学生的成果展示进行评估，以了解他们在整个项目过程中的学习成果和学习能力。这个评估过程不仅关注学生展示的项目内容，还关注他们在整个项目过程中的参与度、团队合作、问题解决的能力、批判性思维和创新能力等方面。

⑥培养学习能力。教师的作用也包括培养学生的学习能力，帮助他们在项目化学习中获得更全面的学习体验。这包括指导学生学习如何进行自我评估和反思，以及如何将项目化学习与实际生活和其他学科知识相结合。

(3)家长的角色。家长的积极参与和支持对于孩子的项目化学习过程来说非常重要。在出项阶段，家长的关心和鼓励可以增加孩子的自信心，帮助他们更好地展示学习成果，并在展示过程中获得更多的乐趣和成长。

在出项阶段家长的作用主要包括以下几个方面：

①支持和鼓励。家长应该在出项阶段给予孩子足够的支持和鼓励。无论孩子的项目成果如何，家长都应该表达对他们的努力和付出的认可与赞赏，这样的支持可以激发孩子的动力和自信心。

②参与观摩。家长通常会受邀参加学校的出项活动。在这个阶段，家长应该积极参与观摩，关注孩子的出项展示内容，并向孩子表达关心和鼓励。家长的出席对孩子来说是一种重要的支持和激励。

③提供反馈。家长可以在成果展示后向孩子提供积极的反馈。家长可以鼓励孩子谈论他们的学习经验，询问他们在项目中遇到的挑战以及是如何克服困难的。这样的反馈可以帮助孩子更好地理解学习过程，并为将来的学习提供指导。

④讨论学习成果。家长可以与孩子一起讨论他们在项目中学到的知识和技能。这可以是一个亲密的学习交流时刻，家长可以了解孩子在项目化学习中的收获和成长。通过这样的讨论，家长可以展现对孩子学习的关心和重视，同时也鼓励孩子主动分享他们的学习成果。

⑤与学校互动。家长还可以与学校进行沟通，了解孩子在项目化学习中的表现。家长可以与教师交流，了解孩子在项目中的学习进展和需要注意的方面。与学校的互动可以帮助家长更好地支持孩子的学习，了解孩子在学校学习中的需求和进步情况。

通过家长的积极参与和支持，孩子在成果展示阶段可以更加自信地展示他们的学习成果，同时也感受到家长对他们学习的重视和鼓励。家长的关心和参与有助于孩子在项目化学习中取得更好的成绩，并形成积极的学习态度。

(4)社区成员的角色。在项目化学习中,社区成员可以是各种各样的人或组织,他们与学生所在的学校或社区有着紧密的联系。这些社区成员包括但不限于以下角色:专业人士、政府官员、社区组织负责人、校友、大学教授、研究员或教育专家、企业家、社会群体代表、教育合作伙伴等。在出项活动阶段,社区成员扮演着重要的观众和参与者角色,他们主要在以下几个方面发挥作用:

①观众和评估者。社区成员作为观众,参与学生的成果展示活动。他们可以仔细观察学生的展示内容,并提供反馈和评价。社区成员的专业知识和经验可以为学生的学习成果提供宝贵的意见和建议。

②提供专业见解。社区成员往往有自己的专业领域知识和经验。他们可以通过与学生交流,分享实际应用中的经验和见解,帮助学生将项目成果与现实世界联系起来。

③连接实际应用。社区成员的参与可以帮助学生将项目成果与实际应用相联系。他们可以提供实际场景下的问题和挑战,让学生思考如何将他们的学习成果应用于解决真实问题。

④鼓励和认可。社区成员可以在出项活动阶段鼓励和认可学生的努力和成绩。他们的赞赏和认可对学生来说是一种积极的反馈,可以引导学生更深入地参与学习和探索。

⑤增加学习体验的实践性。社区成员的参与可以让学生意识到他们的学习不仅是在教室里,而是与社会和社区有着密切的联系。这种实践性的学习体验可以增强学生的学习动力和对学习的认知。

通过社区成员的参与,学生在出项阶段可以获得更广泛的认可和反馈。社区成员的专业见解和实际应用的联系,可以帮助学生更好地理解项目的价值和意义。社区成员的参与还能鼓励学生在学习中更加努力,并为他们未来的学习和职业规划提供启示。

第四章　初中物理项目化学习中创新素养培育研究的成果

一、创新素养培育的效果

初中物理项目化学习对创新素养的培育具有显著的积极效果。通过项目化学习，学生亲身参与了实际问题的解决和实践活动，激发了他们学习物理的浓厚兴趣。在项目中，学生通过自主学习，培养了他们的主动探索精神和自主学习能力，为日后创新能力的建立奠定了坚实基础。项目化学习也促进了学生之间的团队合作与沟通，培养了他们的合作意识。通过探索性学习，学生锻炼了灵活思考和解决问题的能力，培养了创新思维。初中物理项目化学习在培育学生创新素养方面发挥着积极而重要的作用，为他们成为具有创新精神的未来社会创造者奠定了坚实的基础。

(一)初中物理项目化学习体验调查问卷分析

1.调查问卷

以下是一个简单的调查问卷，旨在收集学生对初中物理项目化学习的感受和体验。

调查问卷:初中物理项目化学习体验

请在每个问题后选择最符合您实际体验的选项(或用文字描述):

1.您对项目化学习的了解程度如何?

A. 完全不了解

B. 了解,但没有参与过

C. 有一些了解,并有少量参与经验

D. 很了解,并有多次参与经验

2.您参与过哪些物理项目化学习活动?(可多选)

A. 实验探究

B. 制作物理模型或展示

C. 设计科学展览或项目报告

D. 其他,请注明________

3.在项目化学习中,您感觉学习的兴趣是否增加了?

A. 明显增加

B. 增加

C. 没有明显变化

D. 减少

4.您觉得项目化学习对您的学习动力有何影响?

A. 明显提高,我更愿意学习物理知识

B. 提高,但影响不大

C. 没有明显影响

D. 降低,我对学习不太感兴趣

5.在项目化学习中,您更喜欢哪种类型的活动?

A. 实验和探究

B. 设计和创作

C. 小组合作项目

D. 其他,请注明________

6.项目化学习中,您最喜欢的一次经历是什么?请简要描述:______

7.在项目化学习过程中,您遇到过的主要困难是什么?(可多选)

A. 实验操作不熟练

B. 理论知识不足

C. 小组合作磨合困难

D. 时间紧迫

E. 其他,请注明________

8.通过项目化学习,您觉得自己的哪方面能力得到了提升?(可多选)

A. 问题解决能力

B. 创新思维能力

C. 团队合作与沟通能力

D. 实验技巧

E. 其他,请注明________

9.您认为项目化学习对培育创新素养是否有效?

A. 非常有效

B. 有效

C. 一般

D. 无效

10.您是否愿意继续参与更多的项目化学习活动?

A. 是,非常愿意

B. 是,愿意

C. 不确定

D. 否,不愿意

E. 否,完全不愿意

请在下方提供您对项目化学习的其他建议或意见:

感谢您参与本次调查!您的反馈对于我们改进项目化学习的教学方法和体验至关重要。

2. 初中物理项目化学习体验调查问卷的数据统计

我校(聊城经济技术开发区实验学校)有 205 名学生参与了这个调查问卷,并对每个问题进行了回答。表 4-1 是该调查问卷的数据统计结果。

表 4-1 初中物理项目化学习体验调查问卷的数据统计结果

编号	问题内容	选项 A	选项 B	选项 C	选项 D	选项 E
1	您对项目化学习的了解程度如何	30 人	52 人	74 人	49 人	
2	您参与过哪些物理项目化学习活动(可多选)	61 人	83 人	52 人	30 人	
3	在项目化学习中,您感觉学习的兴趣是否增加了	64 人	87 人	32 人	22 人	
4	您觉得项目化学习对您的学习动力有何影响	84 人	56 人	41 人	24 人	
5	在项目化学习中,您更喜欢哪种类型的活动	68 人	45 人	61 人	31 人	

续表

编号	问题内容	选项 A	选项 B	选项 C	选项 D	选项 E
6	项目化学习中，您最喜欢的一次经历是什么？请简要描述					
7	在项目化学习过程中，您遇到过的主要困难是什么(可多选)	40 人	62 人	59 人	10 人	34 人
8	通过项目化学习，您觉得自己的哪方面能力得到了提升(可多选)	156 人	175 人	145 人	130 人	162 人
9	您认为项目化学习对培育创新素养是否有效	56 人	98 人	39 人	12 人	
10	您是否愿意继续参与更多的项目化学习活动	71 人	84 人	29 人	16 人	5 人

根据以上调查问卷的数据统计结果，我们对学生关于初中物理项目化学习的感受和体验进行了初步分析，结果如下。

在了解程度上，大约 85%的学生对项目化学习有一定的了解，其中 49 人(约 24%)表示很了解，74 人(约 36%)表示有一些了解。仅有 30 人(约 15%)表示对项目化学习完全不了解。

在参与活动上，学生对物理项目化学习活动的参与情况相对均衡。大约 61 人(约 30%)参与过实验探究，83 人(约 40%)参与过制作物理模型或展示，52 人(约 25%)参与过设计科学展览或项目报告，30 人(约 15%)参与过小组合作探究。

在学习兴趣上，学生中有 73%以上的人认为项目化学习增加了学习的兴趣，64 人(约 31%)表示兴趣明显增加，87 人(约 42%)认为兴趣增加，而 32 人(约 16%)则表示没有明显变化。

在学习动力上，大约68%的学生认为项目化学习提高了他们的学习动力，84人（约41%）表示学习动力明显提高，56人（约27%）认为学习动力有所提高。

在活动类型上，学生对项目化学习中的活动类型有着不同的偏好。68人（约33%）更喜欢实验和探究，45人（约22%）更喜欢设计和创作，61人（约30%）喜欢小组合作项目。

在困难与挑战方面，项目化学习过程中，学生遇到的主要困难包括实验操作不熟练（40人，约20%）、理论知识不足（62人，约30%）、小组合作磨合困难（59人，约29%）以及时间紧迫（10人，约5%）。

在能力提升方面，项目化学习对学生的能力提升有积极影响。156人（约76%）认为通过项目化学习，他们的问题解决能力得到了提升，175人（约85%）认为创新思维能力得到了增强，145人（约71%）认为团队合作与沟通能力有所提高。

在创新素养培育效果方面，约154人（约75%）认为项目化学习对培育创新素养有效，而39人（约19%）持一般的看法，12人（约6%）则认为无效。

在持续参与意愿方面，大约76%的学生表示愿意继续参与更多的项目化学习活动，其中35%以上的学生非常愿意继续参与。

从以上数据可以看出，绝大多数学生对项目化学习持积极态度，他们认为项目化学习增加了学习兴趣和动力，并在其中获得了能力提升。同时，一部分学生可能面临实验操作不熟练、理论知识不足等困难，因此在教学过程中可以针对性地提供更多支持和指导。总体而言，项目化学习对学生创新素养的培育有显著效果，并且多数学生愿意继续参与这样的学习活动。

3. 初中物理项目化学习体验调查问卷的分析结论

根据初中物理项目化学习体验调查问卷的分析结果，可以得出一些有意义的结论。首先，调查显示学生普遍对项目化学习持积极态度，认为这种学习方式更有趣、更实用。项目化学习激发了学生的学习兴趣，使他们更愿意参与课堂活动和探索物理知识。

其次，问卷结果表明项目化学习在培养学生创新素养方面发挥了重要作用。学生反映，在项目中，他们得到了更多的自主学习机会，能够根据自己的兴趣和需求进行深入探究，这有助于培养学生的主动学习能力和解决问题的能力。同时，通过与同学合作完成项目任务，学生加强了团队合作意识和沟通技巧，这对未来的创新实践至关重要。

然而，调查也显示出一些潜在的问题。例如，有部分学生表示在项目化学习中时间安排较为紧张，有时难以充分理解和掌握相关知识。这提示我们在项目设计和实施过程中需要更加关注学生的学习需求，合理安排学习进度，确保学生在深度实践的同时，也能掌握核心知识与概念。

综合而言，初中物理项目化学习体验调查问卷的分析结果表明，项目化学习在创新素养培育方面取得了积极的成效。通过激发学生学习兴趣、培养自主学习能力、加强团队合作意识和培养创新思维，项目化学习为学生的综合素质提升和未来的创新能力发展提供了宝贵的机会。然而，也需要在实践中持续探索和改进，以进一步优化项目化学习的教学效果，让更多学生受益于这种创新的教学方式。

(二)项目化学习对创新素养培育的积极影响

初中物理项目化学习对创新素养的培育具有积极的影响，这种影响可以从对学生、对教师和对学校三个层面进行详细说明。

1.对学生的影响

首先，初中物理采用项目化学习，激发学生学习兴趣和主动学习能力的作用显著。传统的课堂教学往往以纯理论知识讲授为主，容易使学生感到枯燥乏味。而项目化学习让学生直面真实的问题和挑战，与现实生活紧密结合，激发了学生的好奇心和求知欲。在小组合作的过程中，学生能够根据自己的兴趣进行深入探究，这样的学习方式更符合学生的需求和兴趣，使他们更加主动、积极地投入学习中。

其次，初中物理项目化学习培养了学生解决问题的能力。项目化学习强调学生解决实际问题，这使得学生需要动手、思考并寻找解决方案。他们不仅仅学会应用知识解决具体问题，还能够从错误中学习并不断改进。例如，当学生在实践中遇到困难或失败时，他们会进行反思和调整，从而加深对知识的理解，增强问题解决的灵活性和创造性。这种实践性的学习方式，让学生能够真正将知识应用于实践，从而提高了他们的问题解决能力。

再次，初中物理项目化学习有助于培养学生团队合作与沟通能力。在项目中，学生通常需要组成小组，通过与同学合作、交流和协商，共同解决问题。这种合作方式不仅培养了学生的团队合作能力，也让他们学会尊重他人观点，理解和包容不同意见，提高了沟通和协作能力。此外，学生在团队合作中也学会了倾听他人的意见，有效地表达自己的想法，从而更好地与团队成员协作，共同完成项目。

最后，初中物理项目化学习对于培养学生创新素养也起到至关重要的作用。通过自主探索和实践，学生从实践中反思和总结经验，培养了创新素养。在项目中，学生被鼓励不断尝试新方法、勇于创新，从而培养了他们的创造力。学生通过自己的实践探索，不仅学会了从不同角度思考问题，而且学会了在面对未知和新情况时，灵活地运用已有知识和技能解决问题。这种创新素养的培育，为学生未来面对各种挑战和问题时提供了更多的可能性和创新解决方案。

2.对教师的影响

首先，教学方式的更新。初中物理项目化学习的教学方式注重学生参与和实践探究,与传统的教师讲授为主的方式形成鲜明对比。在项目化学习中,教师成为学生学习的引导者和合作者,他们不再是简单地向学生传授知识,而是鼓励学生主动参与学习过程。教师会在项目中提出引导性问题,激发学生的思考,让学生从多个角度探究问题,并自主发现知识。学生在教师的指导下,根据实际情况进行实践操作和实验,从中探索规律,这样的实践性学习使学生更容易理解和掌握知识。

其次,教学策略的调整。初中物理项目化学习要求教师更加关注学生的学习差异,因为每个学生的学习风格、学习进度和学科兴趣都不尽相同。教师需要根据学生的实际情况灵活调整教学策略,以更好地满足学生的学习需求。一方面,教师可以根据学生的兴趣和能力设置不同的项目主题和任务,让每个学生都能找到适合自己的学习内容,从而激发学生的学习热情;另一方面,教师可以采用不同的教学方法和教学资源,以适应学生的不同学习风格,提供多样化的学习途径。

再次,促进教师专业发展。参与初中物理项目化学习对教师的专业发展提出了更高的要求。项目化学习需要教师掌握项目设计和实施的技能,了解项目化学习的教学原理和方法。因此,教师需要不断学习和更新教学理念,了解教学研究和教学改革的最新成果,以提高自己的教学能力。为此,学校通过组织教师参加教育培训、研讨会等活动,增进教师的专业知识和教学技能。同时,教师还通过与其他教师的交流合作,分享教学心得和经验,相互促进专业技能的发展。

最后,提升教学创新能力。初中物理项目化学习鼓励教师在教学实践中进行创新。教师需要积极尝试新的教学方法和教学资源,设计具有挑战性和实践性的项目任务。通过创新,教师可以设计更加生动有趣的教学内容,增加学生参与度,激发学生的学习兴趣。例如,教师通过设计有趣的实验、开展模拟活动、组织小组讨论等方式,让学生更深入地理解物理知识和现象。通过教学创新，教师更好地应对不同情况和学生需求，不断优化教学实践，提高学生的学习体验和学习效果。

3.对学校的影响

首先，教育质量提升。学科项目化学习对学校的教育质量提升影响深远。传统的教学模式常常以知识灌输为主，学生在被动接受的过程中难免缺乏主动学习的兴趣和动力。而项目化学习则强调学生的主动参与和实践探究，学生在解决实际问题的过程中，不断运用学科知识，并学会将其应用于实践探究中。这样的学习方式让学生更加深刻地理解和掌握知识，并提高了他们的问题解决能力和知识的综合应用能力。随着学生综合素质的全面提升，学校的整体教育质量也会得到进一步提高，形成富有活力的教育氛围。

其次，形成创新氛围。初中物理项目化学习鼓励学生发挥主动性和创造力，在探索知识的过程中形成自己的思考方式。学生不再仅仅接受教师传授的知识，而是在教师的指导下自主构建知识体系，并将其应用于实践中。学校在推行项目化学习的过程中，也同时鼓励教师进行教学创新，不断尝试新的教学方法和项目设计。这样的创新氛围在学校内蔓延开来，教师和学生都在创新的推动下共同成长。学校还通过组织创新竞赛、展示活动等，激发学生的创新潜能，形成了鼓励创新的文化氛围。

最后，与社区和行业合作。初中物理项目化学习通常需要与社区和行业进行合作，以解决实际问题。学生可能需要到社区进行实地调查，或者与行业专业人士进行交流合作，从而将理论知识与实际情况相结合。这样的合作不仅让学生更好地了解社区和行业的现状和需求，还为他们提供了更广阔的学习平台和实践机会。通过与社区和行业的合作，学校的教育活动将更加贴近社会需求，培养出更具社会责任感和实践能力的学生。同时，学校也能更好地了解社区和行业的需求，调整教学内容和方向,使学校教育更具针对性和实用性。

综上所述,初中物理项目化学习激发了学生的学习兴趣,培养了他们的主动学习能力,提高了解决问题的能力,加强了团队合作和沟通能力,培育了创新素养。初中物理项目化学习让教师从传统的知识传授者转变为学习的引导者和合作者。教师通过调整教学策略,关注学生的个性化学习需求,积极参与专业发展,提升教学创新能力,更好地引导学生进行实践探究,激发学生的学习兴趣和学习效果。这些影响使教师在教学实践中更富有经验和智慧,为学生提供更优质、更有效的教育教学服务。这些积极的影响使得项目化学习成为一种重要的教学方法,有助于学生全面发展和创新能力的培养。

二、创新素养培育的启示

在创新素养的培育上,学校和教育者可以重点发展以下几个方面:一是突出学生主体地位,鼓励学生自主学习和探究;二是提供充分的资源支持,创造积极的学习环境;三是促进教师专业发展,提高项目设计和指导能力;四是鼓励跨学科融合,拓宽学生视野和思维方式。

(一)突出学生主体地位,鼓励学生自主学习和探究

培育创新素养需要学校和教育者关注学生的主体地位,鼓励他们进行自主学习和探究。通过提供自主学习空间、引导学生发现问题、提倡探索性学习、鼓励创造性思维和建立合作学习氛围,学校可以更有效地培养学生的创新意识和实践能力。

(1)提供自主学习空间。学校应该为学生提供丰富多样的学习资源和环境,让学生在学习中能够有更多的选择权和决策权。为学生提供自

主学习空间，让他们根据兴趣和需求，选择适合自己的学习方式和学习内容，有助于激发学生的学习兴趣和自主学习的动力。

(2)引导学生发现问题。教育者应该在学习过程中引导学生发现问题，并激发他们解决问题的欲望。鼓励学生提出疑问，主动探究问题，让他们成为知识的探索者和发现者。培养学生主动思考的习惯，有助于激发他们的创新潜能。

(3)提倡探索性学习。项目化学习是一种有效的学习方式，可以培养学生的探索精神。学生通过自主参与实践和项目研究，不断尝试解决问题，积极探索未知领域。教育者可以通过设计有趣和富有挑战性的项目活动，让学生在实践中体验到学习的乐趣和成就感。

(4)鼓励创造性思维。创新素养的培育需要鼓励学生发展创造性思维。学校可以在课堂教学中引入启发式问题，让学生进行头脑风暴，培养学生的创新思维。同时，学校可以组织创新竞赛和项目展示，为学生提供展示创意和实践成果的平台。

(5)建立合作学习氛围。合作学习是培育创新素养的重要途径之一。学校可以鼓励学生之间相互合作，共同解决问题和完成项目。合作学习能够培养学生的团队合作能力和沟通能力，使他们学会在集体中协作、交流和分享，从而更好地培养创新思维。

(二)提供充分的资源支持，创造积极的学习环境

创新素养的培育需要学校和教育者的共同努力。提供充分的学习资源和创新项目，创造积极的学习环境，培养学生自主学习能力和创新思维，将为学生创新素养的发展奠定坚实的基础，帮助他们在未来的发展中成为具有创新精神和实践能力的有志之士。

(1)提供多样化的学习资源。学校应该为学生提供多样化的学习资

源，包括图书馆、实验室、科技设施、互联网资源等。这些资源能够满足学生多样化的学习需求，激发他们的学习兴趣和探索欲望。学校还可以鼓励学生参与学术研究、创新项目，提供专业导师和资源支持，帮助学生深入研究和实践。

(2)鼓励教育创新。教育者应该积极尝试新的教学方法和教学策略，鼓励教育创新。项目化学习、合作学习、探究式学习等都是有助于培育创新素养的有效教学方式。学校可以提供相应的培训和支持，鼓励教师进行教学创新，推动学校教育不断进步。

(3)培养学生自主学习能力。学校应该注重培养学生的自主学习能力。教育者可以通过激发学生的好奇心和求知欲，引导他们主动学习和探究。学校可以设立自主学习时间和空间，让学生根据自己的学习需求和兴趣进行自主学习。

(4)创造积极的学习环境。学校应该创造积极的学习环境，让学生在轻松、积极的氛围中学习和成长。鼓励学生交流分享学习心得和创意，组织学术讲座和学科竞赛，增加学生的学习动力。同时，学校也应该关注学生的心理健康，提供心理辅导和支持，帮助学生在学习和生活中保持积极心态。

(5)提供创新项目和实践机会。学校应该提供创新项目和实践机会，让学生有机会将知识应用于实际问题解决中。例如，学校可以组织科研项目、社会实践活动、创新项目等，让学生在实践中培养创新思维和实践能力。这些项目和机会能够让学生更深入地理解和掌握知识，提高他们解决问题和创新的能力。

(三)促进教师专业发展，提高项目设计和指导能力

促进教师专业发展，提高项目设计和指导能力，是培育创新素养的重

要途径。通过提供专业培训和资源支持、鼓励教师创新实践、创建教师交流平台、指导教师关注学生个体差异和建立教师合作团队，学校可以帮助教师更好地开展项目化学习，为学生创新素养的培育打下坚实基础。同时，教师自身也应保持学习态度，不断提升自己的教学水平和项目设计指导能力，以便更好地引导学生成长和发展。

(1)提供专业培训和资源支持。学校应该为教师提供专业培训机会，特别是关于项目化学习和创新教育方面的培训。这些培训可以帮助教师了解最新的教学理念、方法和实践，提高项目设计和指导的能力。同时，学校也应该提供教师所需的教学资源和支持，如教学资料、教学设备、实验器材等，确保教师能够顺利开展项目化学习。

(2)鼓励教师创新实践。学校应该鼓励教师在教学中进行创新实践，尝试新的项目设计和教学策略。学校可以设立教学创新奖励机制，鼓励教师开展创新实验和教学研究，推动教师在项目化学习中不断探索和改进。

(3)创建教师交流平台。学校应该建立教师交流平台，促进教师之间的交流与分享。教师可以通过定期研讨会、教学展示等形式，分享项目化学习的经验和成果。这样的交流平台可以激发教师的灵感，帮助他们更好地改进教学设计和指导方法。

(4)关注学生个体差异。在项目化学习中，教师应该关注学生的个体差异，了解每个学生的兴趣、能力和学习需求。根据学生的差异性，教师可以灵活调整项目设计和指导方法，提供个性化的学习支持，让每个学生都能在项目化学习中获得成长和进步。

(5)建立教师合作团队。学校可以组建教师合作团队，由有经验的教师担任指导者，带领其他教师一起开展项目化学习。教师合作团队可以相互学习、相互协助，共同解决项目实施中的问题和挑战，提高项目化学习的效果和质量。

(四)鼓励跨学科融合,拓宽学生视野和思维方式

鼓励跨学科融合,拓宽学生视野和思维方式,是培育创新素养的重要策略。通过强调学科之间的联系、推行跨学科项目化学习、组织学科交叉活动、鼓励学生多学科学习和教育者之间的跨学科合作,学校可以为学生提供更加全面和综合的教育,帮助学生发展跨学科思维和创新能力,为未来面对挑战做好充分准备。

(1)强调学科之间的联系。学校应该强调不同学科之间的联系和相互影响。教育者可以在教学中突出学科知识的交叉点,让学生了解不同学科的联系和应用。通过在学科之间建立桥梁,学生可以更好地理解知识的综合应用,培养跨学科思考的能力。

(2)推行跨学科项目化学习。学校可以推行跨学科项目化学习,让学生在解决实际问题的过程中跨越学科边界。通过项目化学习,学生需要综合运用不同学科的知识和技能,从而促进学生的跨学科思维和创新能力的培养。

(3)组织学科交叉活动。学校可以组织学科交叉的活动,如学术讲座、专题展览、辩论赛等。这些活动可以帮助学生拓展知识领域,了解不同学科的前沿发展和应用,激发他们对多学科知识的兴趣和求知欲。

(4)鼓励学生多学科学习。学校应该鼓励学生在学习过程中涉足多个学科领域。教师可以鼓励学生选修跨学科课程,参加学科竞赛,拓宽学生的学科视野和思维方式。这样的学习经历将有助于培养学生的跨学科思维和创新能力。

(5)教师之间的跨学科合作。学校可以鼓励教师之间的跨学科合作。教师可以在项目设计和指导中跨学科合作,将不同学科的知识和方法结

合起来,为学生提供更丰富多样的学习体验和培养方式。

三、研究的局限性与未来研究方向

(一)研究的局限性

1.样本与参与者

在研究初中物理项目化学习创新素养培育的过程中,存在涉及样本与参与者的不可避免的局限性,这对研究的推广性和外部有效性产生了直接影响。

首先,样本的代表性和规模是研究中值得关注的一个重要方面。由于研究资源和时间的限制,研究仅选取了特定地区、特定学校的学生,这在一定程度上可能影响研究结果的普适性。样本的代表性是指研究中使用的样本能否真实反映整个初中物理学生群体的特征。如果选取的样本过于狭窄,就难以将研究的结论推广到更广泛的教育背景和群体中。为了解决这一问题,未来的研究可以考虑扩大样本的范围,包括更多不同地区、不同学校和不同背景的学生样本,以确保研究结果的普适性和可靠性。

其次,参与者的多样性和异质性也是研究中的一个关键问题。初中生在认知水平、学科兴趣、学科能力等方面存在一定的差异。如果研究仅侧重于特定类型的学生,比如学科优秀的学生或学科困难的学生,就难以全面了解项目化学习对不同类型学生的影响。为了更好地了解项目化学习的效果在不同学生群体中的异同,未来的研究可以采用更多元化的参与者,包括不同学科水平、性别、学科兴趣和学科能力的学生。这样一来,研究结果将更有代表性,并且可以为不同类型的学生提供更具体的教育参考。

此外，研究中可能会忽略教师和家长的参与。教师在项目化学习中至关重要，他们的教育背景、教学方法和支持程度都可能对学生的学习成果产生影响。同样，家长在学生学习过程中的支持和参与也是一个重要的因素。因此，未来的研究可以通过纳入更多教师和家长的观察和反馈，深入探讨项目化学习在更广泛教育生态系统中的效果，并更好地了解这一教学方法在实施过程中可能面临的挑战。

总体来说，样本与参与者的局限性不仅关乎研究的内部有效性，更涉及研究结果在实际教育场景中的适用性。通过更全面、多元化地考虑样本和参与者的特征，研究可以更好地为教育决策提供有力的支持，并为未来类似研究提供更具指导性的建议。

2.方法论限制

在研究中，方法论限制是不可避免的，而这些限制可能会对研究结果的解释和泛化性产生影响。以下是关于方法论限制的简要讨论，强调了在初中物理项目化学习中创新素养培育研究遇到的一些挑战。

(1)研究方法的局限性。在研究初中物理项目化学习创新素养培育的过程中，研究方法的选择是至关重要的。然而，所选择的方法可能存在一定的局限性。

一方面，研究采用了定量研究方法，如问卷调查和标准化测试，以量化学生的学术表现和创新素养水平。这种方法的局限性在于，它可能无法全面捕捉到学生在项目中的实际表现和创新思维的深度，定量数据往往难以捕捉到项目化学习中的情境复杂性和学生与学生之间的合作。

另一方面，研究采用了质性研究方法，如访谈和观察，虽然能够提供更深入的理解，但由于样本规模较小，结果的普遍性和推广性受到限制。质性研究也可能受到主观解释和研究者偏见的影响，从而降低研究结果的客观性。

(2)数据收集和分析方法的局限性。在初中物理项目化学习中,数据的收集和分析方法对于研究的准确性和可靠性至关重要。由于时间和资源的限制,研究者只能采用短期的数据收集,而无法全面了解项目化学习对学生的长期影响。此外,数据来源较单一,可能会存在回忆偏差和社会期望的问题。

在数据分析阶段,研究者面临着技术能力的局限性。采用先进的数据分析技术,可能需要专业的技术支持和高度的技术熟练度,这可能会限制研究的深度和广度。

(3)研究的内部和外部效度问题。方法论限制还可能涉及研究的内部效度和外部效度问题。内部效度涉及研究是否能够准确地测量因果关系,而外部效度关注研究结果在不同环境和群体中的泛化性。在初中物理项目化学习中,由于实验条件的控制难度,以及学生参与的异质性,内部效度可能受到一定的影响。同时,由于学校和社区环境的多样性,外部效度可能受到限制,使得研究结果难以推广到其他地区和学校。

总体而言,在方法论的选择和应用上,研究者需要在准确性和可行性之间进行权衡。对于初中物理项目化学习中创新素养培育研究来说,这就意味着研究者需要清晰地了解所采用方法的优势和局限性,并采取一系列措施来最大限度地减少这些局限性的影响。

3.外部环境因素

在研究的局限性中,外部环境因素也是一个重要的方面,它涉及学生所处的学校、家庭和社会环境等外部因素,这些因素可能对研究结果产生潜在的影响。

首先,学校环境对学生学习的影响是不可忽视的。学校的教学资源、师资力量、教学氛围等都可能对项目化学习的实施产生重要影响。例如,如果学校缺乏足够的实验室设备或教学支持，学生可能无法充分参与到项目化学习中，从而影响研究结果的可靠性。此外，不同学校之间的教学质量和教学方法差异也是一个潜在的局限因素，可能会导致研究结果的不一致性。

其次，家庭环境对学生学习的影响同样不可忽视。家庭对学生学习的支持程度、家庭教育背景等因素都可能对学生在项目化学习中的表现产生影响。一些家庭可能能够提供更多的学习资源和支持，而另一些家庭可能由于经济状况或文化因素等原因而提供的支持较少。这样的差异可能导致学生在项目化学习中的参与度和表现存在差别，因此在研究中引入了外部环境的变量。

再次，社会环境也是一个潜在的影响因素。社会文化对学生的认知、态度和行为都有深远的影响。在一些社会文化中，对创新素养和项目化学习的认可度可能更高，而在另一些文化中可能存在对传统教育方式的偏好。这可能导致不同文化背景下的学生对项目化学习的接受程度存在差异，从而影响研究的普适性和推广性。

最后，社会变迁和政治因素也可能对研究产生影响。例如，教育政策的变化、社会经济发展水平的差异等因素都可能对学生学习环境和条件产生影响。这些因素的变化可能会影响学生对项目化学习的态度和参与度，从而影响研究的结果。

总的来说，外部环境因素是一个复杂而多样化的影响因子，涉及学校、家庭和社会等多个方面。在进行研究时，研究者应当认真考虑这些外部因素可能对研究结果造成的影响，尽量在研究设计和数据分析中进行控制，以提高研究的内部有效性和结果的可靠性。同时，也需要在研究局限性时，诚实地反映这些外部因素可能对研究结果的解释产生的潜在影响。

(二)未来的研究方向

1.深入研究项目化学习设计

未来研究方向中,深入研究项目化学习设计是一个关键领域,对于促进学生创新素养的培育具有重要意义。在这一方向上,可以从以下几个方面进行深入研究。

(1)制订更精细的项目设计方案。未来的研究可以致力于深入探讨项目化学习设计的细节和步骤,以制订更为精细和有效的项目设计方案,包括项目的整体结构、目标明确性、任务的难度和适宜性等方面。研究者可以通过实地观察、教学实验和学生反馈等手段,了解不同设计方案对学生学习效果的影响,从而为今后的项目化学习提供更为科学的设计原则。

(2)探索不同学科整合的项目化学习。项目化学习的魅力在于能够促使学生在跨学科的环境中学习和思考。未来的研究可以探索如何更好地整合不同学科的内容,使学生能够在项目中涉足多个学科领域,促使知识的综合应用。例如,在物理项目中融入数学、化学等相关知识,培养学生的跨学科思维能力。研究者通过比较不同学科整合方案对学生学科理解和问题解决能力的影响,可以为未来的项目化学习设计提供参考。

(3)考虑个体差异与学生参与度。未来的研究还应该关注学生个体差异对项目化学习的影响。个体学习差异可能受到学科兴趣、学科能力、学习风格等多方面因素的影响。因此,研究者可以通过细致的观察和量化分析,深入了解在不同项目设计下,不同类型学生的参与度、学科理解程度以及问题解决能力等方面的表现。这有助于制订个性化的项目设计方案,更好地满足学生的学习需求。

(4)教师角色与支持。深入研究项目化学习设计还需要关注教师在项目中的角色和支持措施。研究者可以探讨教师在项目设计、实施和评价中的作用，以及教师在引导学生解决问题、团队合作和跨学科思考方面的能力。通过了解教师的需求和挑战，未来的研究可以提供更切实可行的培训和支持策略，使教师更好地应对项目化学习的要求。

总之，未来深入研究项目化学习设计需要关注细节、学科整合、个体差异以及教师角色与支持等多个方面。研究者通过系统的研究，可以更好地理解项目化学习的本质，为推动教育改革、提升学生学习体验提供理论支持和实践指导。

2.创新素养培育策略的进一步探讨

随着教育领域对学生创新素养的重视，创新素养的培育成为教学改革中的关键因素之一。创新素养培育策略的进一步探讨涉及多个方面，包括不同类型创新素养的具体培育策略、教师角色的深入研究、学生经验的深度挖掘以及信息技术在培育过程中的整合。通过深入研究这些方面，可以更好地了解创新素养的本质，提高培育效果，为学生未来的学习和职业发展提供更有力的支持。

首先，研究可以深入探讨不同类型的创新素养，例如问题解决能力、批判性思维、团队合作等在项目化学习中的发展。这需要通过详细的观察和量化研究，了解每个创新素养在项目中的具体表现，并制订相应的培育策略。例如，针对批判性思维的培育，可以通过设计项目任务，引导学生对信息进行深入分析，提出质疑和反思。

其次，研究可以深入挖掘教师在创新素养培育中的角色与影响。教师在项目中的指导和激励以及对学生创新思维的引导，对创新素养的培育有着至关重要的作用。未来的研究可以关注教师专业发展和培训，以更好地支持他们在项目化学习中发挥促进创新素养发展的作用。通过建立有效的培训机制，教师可以更好地理解和运用创新素养的培育策略。

再次，研究还可以通过深入挖掘学生参与项目化学习的经验，了解他们在培育创新素养过程中面临的困难和收获。这需要采用深度访谈、学生反馈等定性研究方法,以获取学生在项目中的实际体验。通过了解学生的想法,教师可以更好地调整培育策略,使其更贴近学生的学习需求和发展阶段。

最后,未来研究还可以考虑将创新素养培育策略与信息技术相融合,探索数字化教育工具在项目化学习中的应用。利用虚拟实验、在线协作平台等技术手段,可以为学生提供更灵活、自主的学习环境,促进创新素养的全面发展。同时,这也提出了新的研究问题,例如技术工具如何影响学生的创新思维,以及教师如何有效地整合技术资源。

3.跨学科研究与合作

未来研究方向中的“跨学科研究与合作”是一个富有潜力和创新性的领域,将物理学科与其他学科融合起来,为学生提供更全面、综合的学习体验。这种研究方向的发展可以为教育提供更为多元和有趣的教学模式,促使学生在解决问题和思考的过程中培养出更强的综合素养。

首先,跨学科研究与合作可以突破传统学科边界,提供更具深度和广度的学科知识。例如,物理学与数学、化学、生物学等科学学科之间存在许多交叉点。通过将这些学科融合在一起,可以创建更为综合的学科体系,使学生能够更好地理解知识的相互关系。这不仅有助于提高学生对于物理学科的理解,同时也培养了他们在解决问题时跨学科思考的能力。

其次,跨学科研究与合作可以激发学生的兴趣和动力。通过引入不同学科的元素,可以设计更为有趣和具有挑战性的项目,激发学生的学科兴趣。例如,通过物理学与艺术的结合,可以设计出富有创意的实验和项目,既培养了学生的物理学知识,又激发了他们对艺术创作的兴趣。这种跨学科的设计能够让学生在学习中感受到更大的成就感,提高他们对学科学习的投入度。

再次，跨学科研究与合作还有助于培养学生的综合素养。在解决实际问题的过程中，学生需要不同学科的知识和技能。通过合作，学生可以学会有效沟通、协作和团队合作，提高了他们的综合素养。这对于学生未来进入职场以及面对复杂社会问题时都具有重要的意义。

最后，跨学科研究与合作也为教育研究提供了新的视角和范式。通过研究不同学科的整合教学，可以更好地了解学生的学习过程和认知发展。这为教育政策的制定和教学模式的改进提供了有益的参考。

未来在“跨学科研究与合作”这一方向的研究可以深化人们对教育模式的理解，拓展学科教学的边界，培养学生更为综合的素养，同时也有望为教育领域的发展带来新的启示和突破。

（三）教育政策和实践建议

1.教育政策的制定

在创新素养培育研究中，教育政策的制定扮演着关键的角色。通过明确政策方向和目标，教育部门可以为学校和教师提供明确的指导，推动项目化学习和创新素养培育在更大范围内的推广和深化。以下是几点关于教育政策制定方面的简要建议。

(1)制定项目化学习政策。教育主管部门应该制定明确的项目化学习政策，明确项目化学习在学科教育中的地位和重要性。政策文件应当明确项目化学习的定义、目标、实施步骤以及评估体系，为学校和教师提供具体的操作指南。

(2)提供资源支持。教育主管部门应该为学校提供项目化学习所需的资源支持，包括实验器材、技术设备、图书馆资源等。这可以通过设立专项经费、建设实验室和数字化资源库等方式实现。同时，教育主管部门可以与企业和社会组织合作，共同为学校提供支持，确保项目化学习能够在资源充足的环境中进行。

(3)制定创新素养培育政策。除了项目化学习政策外，教育主管部门还应该制定创新素养培育政策。这一政策可以包括培训教师的计划、设计支持创新教育的教材与资源、推动学科整合等方面。教育主管部门可以借鉴国内外成功经验，制定一系列支持创新素养培育的政策，为学校提供指导和支持。

(4)制定多层次的评估体系。教育主管部门在政策中应明确对项目化学习和创新素养的评估标准，建立多层次的评估体系，这包括学生知识水平的考核、创新思维和问题解决能力的评估以及项目成果的展示和评价。这样的评估体系可以促使学校更加注重学生综合素养的培养，而不仅仅是传统的考试成绩。

(5)推动教育研究与交流。教育主管部门可以设立专门的教育研究基金，支持和推动项目化学习和创新素养培育的研究。通过资助研究项目、组织学术研讨会和撰写政策报告，促进学术界、教育机构和政府之间的合作，形成共识和共同推动这一领域的发展。

(6)落实政策的监测与评估。教育主管部门在制定相关政策后，还需要建立有效的监测与评估机制，以确保政策的贯彻执行和效果的达到。这需要建立独立的评估机构，定期对各地学校的项目化学习和创新素养培育情况进行评估，及时发现问题并进行调整和改进。

在教育政策的制定中，以上建议旨在确保政策的可行性、操作性和持续性。通过明晰政策目标、提供资源支持、建立评估体系等措施，教育主管部门可以有效地推动项目化学习和创新素养培育的全面发展，为学生提供更为丰富、深入的学习体验。

2.教育实践的改进

在教育政策和实践建议的篇章中，对教育实践改进的相关内容至关重要。教育实践的改进涉及如何更好地落实项目化学习和创新素养培育策略，以确保学生能够充分受益并在学科学习中取得更好的成果。以下是有关教育实践改进的建议。

(1)教师培训与专业发展。在推动项目化学习和创新素养培育的过程中，教师的专业能力至关重要。

①制定全面的培训计划。设计系统性的培训计划，覆盖项目化学习的理论基础、教学设计、创新素养培育策略等方面。这可以通过专业发展工作坊、研讨会和在线培训等来实现。

②提供实践机会。不仅仅要进行理论培训，还要提供实际操作的机会。这可以包括教师观摩学习、合作教学项目、实地考察等，以帮助教师将理论知识转化为实际操作技能。

③建立导师制度。创建一套有效的导师制度，让有经验的教师指导新手。这有助于知识传承和经验分享，提升整体教师队伍的素质。

(2)支持项目化学习的教学资源和指南。改进教育实践的一个重要方面是提供足够的教学资源和指南，以支持教师在项目化学习中的实际操作。

①开发教材和案例资源。制定符合项目化学习要求的教材和案例资源，以帮助教师更好地设计和实施项目。

②建立在线平台。创建一个在线平台，提供教学资源、教案分享、经验交流的机会。这有助于教师之间的协作，加速项目化学习的传播和实践。

③更新评估工具。针对项目化学习和创新素养培育，更新评估工具，确保评估方法能够全面、准确地反映学生的综合能力。

(3)实践中的反馈机制与调整。教育实践改进需要一个有效的反馈机制以及对实践进行及时调整的能力。

①定期教学评估。设立定期的教学评估机制，不仅仅关注学生的学术成绩，还包括对创新素养的评估，这样可以及时发现问题并进行调整。

②建立教师社群。创建一个教师社群，通过定期的会议、在线讨论等方式，促进教师之间的交流与分享，这有助于实践经验的沉淀与积累。

③灵活性与适应性。鼓励教师在实践中灵活调整教学策略，根据学生的反馈和实际效果，不断进行适应性的改进。

通过以上这些改进举措，可以更好地支持项目化学习和创新素养培育策略的实施，促使教育实践更为有效地满足学生的学习需求，提高他们的创新能力和综合素养。这些建议不仅关注教育实践的改进，还着眼于整个教育体系的协同发展，以推动教育的可持续进步。

3.社会参与与支持

在教育政策和实践建议的层面，社会参与与支持也是重要的一环。社会的广泛参与和支持不仅可以促进项目化学习中创新素养的培育，还有助于建立一个更加全面、积极的教育生态系统。

社会参与是指社区、家长、企业以及其他非教育机构在学生学习过程中的积极参与。为了在项目化学习中培育创新素养，社会的支持可以体现在多个方面：

(1)家长参与。培养学生的创新素养需要家庭与学校的密切合作。通过定期的家长会议、座谈会以及家校合作项目，学校可以向家长传达项目化学习的理念、目标以及学生创新素养的培育方式。提供家长培训可使其更好地了解和支持孩子在项目中的学习经历。

(2)社区参与。社区是学生学习的重要环境，可以通过与社区建立紧密的联系，让学生在解决实际问题时应用物理知识，提高他们实际解决问题的能力。社区合作项目、实地考察等方式，可以使学生更好地理解物理概念，并将知识应用于实际情境中。

(3)企业合作。吸引企业参与学生的项目化学习，不仅可以为学生提供实际问题和挑战，还可以让学生更好地了解物理知识在职场中的应用。建立学校与企业的合作桥梁，为学生提供实习机会、专业技术培训，帮助他们更好地将学科知识与实际工作相结合。

(4)社会资源投入。社会各界的资源投入对于项目化学习的成功实施至关重要。政府、非营利组织以及其他社会机构可以提供资金、设备和人力资源支持，以确保项目的顺利进行。此外，社会资源还包括专业人才的分享与支持，例如邀请专业物理学家或科技企业人员参与学生项目的指导。

在实践建议方面，学校可以制定以下措施：

(1)制订社区参与计划。学校可以制订具体的社区参与计划，明确社区、家长和企业在项目中的角色和责任。建立社区教育委员会，与社区相关方合作，共同推动项目化学习的实施。

(2)提供社会参与培训。为教师、家长和社区志愿者提供相关的培训，使他们更好地理解项目化学习的理念和实施方式，提高他们在项目中的指导和支持水平。

(3)建立社会资源库。学校可以建立社会资源库，收集整理社区、企业和其他机构愿意提供的支持和资源。确保这些资源能够有序、有效地为项目提供支持。

(4)推动政策支持。学校可以与政府合作，争取政策支持，例如建立项目化学习的奖励机制、鼓励企业参与项目合作等。

综上所述，社会参与与支持是项目化学习中创新素养培育的重要组成部分。通过社区、家长、企业等多方合作，可以为学生提供更广泛、更实际的学习资源,促进创新素养的全面发展。同时,建立明确的政策和实践框架,确保社会的参与与支持得以制度化和长期化,从而为学生的创新素养培育创造更为有利的环境。

结 语

初中物理项目化学习在培育学生创新素养方面取得了显著的效果。通过项目化学习，学生在问题解决过程中培养了创新思维。在项目探究中，学生面对现实生活中的物理问题，需要运用科学方法和创造性思维，积极寻找新颖的解决方案，从而培养了他们的创新意识和创新能力。

项目化学习注重学生的主动参与和自主学习。学生不再是被动地接受知识，而是在自主探究的过程中积累经验，不断尝试和总结。这种自主学习的过程培养了学生的自主学习和自主创新能力，使他们能够主动寻找问题，勇于尝试不同的方法，并从失败中吸取经验教训，进而获得更好的学习效果。

项目化学习鼓励学生之间的合作与交流。在小组合作的活动中，学生需要共同探讨问题，交换意见，并通过合作达成共同目标。这样的合作体验不仅培养了学生的团队合作能力，还增强了他们的沟通技巧和合作意识。这些能力对于日后的创新和职业发展都至关重要。

项目化学习注重实践与应用。学生通过实际操作、模型制作、科技应用等方式将理论知识应用到实际问题中，从而加深对物理学科的理解和掌握。这种实践与应用的过程促使学生将抽象的知识转化为实际应用的能力，培养了他们在解决实际问题时创造性地应用所学知识的能力。

综上所述，初中物理项目化学习在创新素养的培育方面取得了显著的效果。通过培养创新思维、自主学习能力、团队合作意识以及实践应用能力，学生在项目化学习中能够全面发展。这种学习方式不仅提高了学生的学科知识水平，更重要的是培养了学生在未来解决问题和面对挑战时勇于创新的能力，为他们的未来发展奠定了坚实的基础。

参考文献

陈国华，2022. 创新素养培育课程统整：让创新素养落地[J/OL]. (2022-01-27) [2023-12-01]. https://baijiahao. baidu. com/s? id = 1723053912938248168&wfr=spider&for=pc.

陈静静，2017. 创新素养培育的实践误区与解决方案——基于创新素养模型、阶段特征与人才类型的剖析[J].教育发展研究，37(18)：70-77.

甘秋玲，白新文，刘坚，等，2020. 创新素养：21 世纪核心素养 5C 模型之三[J]. 华东师范大学学报(教育科学版)，38(2)：57-70.

耿超，赵茜，范彦，2020. PISA2021 创造性思维测试的分析与思考[J]. 中国考试，337(5)：36-41.

韩葵葵，胡卫平，2015. 国外青少年科技创新素质的培养模式及启示[J]. 教育理论与实践，35(28)：20-23.

核心素养研究课题组，2016. 中国学生发展核心素养[J]. 中国教育学刊，282(10)：1-3.

胡红杏，2017. 项目式学习：培养学生核心素养的课堂教学活动[J]. 兰州大学学报(社会科学版)，45(6)：165-172.

黄四林，张叶，莫雷，等，2021. 核心素养框架下创新素养的关键指标

[J].北京师范大学学报(社会科学版)，284(2):27-36.

莱斯利，2002. 教育中的建构主义[M]. 高文，徐斌艳，程可拉，等译. 上海:华东师范大学出版社.

李彦荣，2019. 推进学生创新素养培育的区校协同机制的探索[J]. 上海教育科研，389(10):60-65.

林崇德，2009. 创新人才与教育创新研究[M].北京:经济科学出版社.

林崇德，2018. 创造性心理学[M]. 北京:北京师范大学出版社.

刘燕飞，2022. 创新素养培育 指向基础教育阶段学生创新素养的课程转化[J/OL]. (2022-01-27)[2023-12-01].https://baijiahao.baidu.com/s? id=1723053911168611062&wfr=spider&for=pc.

罗莹，谢晓雨，韩思思，等，2021.中学物理教学新模式:基于项目的教学[J].课程·教材·教法，41(6):103-109.

马扎诺，皮克林，2015. 培育智慧才能:学习的维度教师手册[M]. 盛群力，何晔，张慧，等译. 福州:福建教育出版社.

师保国，刘霞，余发碧，2017. 核心素养视域下的创新素养内涵及其落实[J]. 课程.教材.教法，37(2):55-60.

施良方，2001. 学习论[M]. 北京:人民教育出版社.

唐立宁，2022. 创新素养培育 以项目化学习推动学生创新素养培育[J/OL]. (2022-01-27)[2023-12-01]. https://baijiahao.baidu.com/s? id=1723053929943035095&wfr=spider&for=pc.

吴雪玲，刘英，2012. 试论加强大学生创新能力的培养[J]. 华南理工大学学报(社会科学版)，14(3):116-121.

夏雪梅，2018. 项目化学习设计:学习素养视角下的国际与本土实践

[M]. 北京:教育科学出版社:11.

夏雪梅，2020. 项目化学习的实施:学习素养视角下的中国建构[M]. 北京:教育科学出版社.

杨明全，2021. 核心素养时代的项目式学习:内涵重塑与价值重建[J].课程·教材·教法，41(2):57-63.

张文兰,张思琦,林君芬,等，2016. 网络环境下基于课程重构理念的项目式学习设计与实践研究[J]. 电化教育研究，37(2):38-45,53.

AMABILE T M, PRATT M G,2016. The dynamic componential model of creativity and innovation in organizations: Making progress, making meaning[J].Research in Organizational Behavior. 36: 157-183.

ANDERSON J R,2000. Cognitive psychology and its Implications [M]. New York:Worth Publishers.

BARRON F, 1963. Creativity and psychological health [M]. Princeton: D. Van Nostrand Company.

BATEY M, FURNHAM A F, SAFIULLINA X, 2010. Intelligence, general knowledge and personality as predictors of creativity[J].Learning and Individual Differences, 20(5): 532-535.

DACEY J,1999. Concepts of creativity: A history[M]//RUNCO M A, PRITZER S R, Encyclopedia of Creativity. Salt Lake City: American Academic Press.

EUROPEAN COMMISSION,2015. Key competences for lifelong learning: European reference framework [M]. Luxembourg: Publications Office of the European Union.

FEIST G J, 1998. A meta-analysis of the impact of personality on scientific and artistic creativity[J]. Personality and Social Psychology Review,2(4): 290-309.

GUILFORD J P,1967. The nature of human intelligence[M]. New York: McGraw-Hill.

HARGREAVES H L, 1927. The faculty of imagination: An enquiry concerning the existence of a general faculty, or group factor, of imagination[J]. British Journal of Psychology,3:1-74.

HAYES J R, 1989. Cognitive processes in creativity [M]// Handbook of creativity. New York: Plenum,135-145.

HUNG W,2015. Cultivating creative problem solvers: The PBL style[J]. Asia Pacific Education Review,16(2):237-246.

KRAJCIK J, BLUMENFELD P, MARX R, et al., 1994. A collaborative model for helping middle grade science teachers learn project-based instruction[J]. The Elementary School Journal, 94(5): 483-497.

KRAJCIK J S, SHIN N, 2014. Project-Based learning[M]// In R K Sawyer. The cambridge handbook of the learning sciences (2nd ed.). Cambridge:Cambridge University Press,515-534.

MEUSBURGER P,2009. Milieus of creativity: The role of places, environments and spatial contexts[M]// In Meusburger P, Funke J, Wunder E. Milieus of creativity: An interdisciplinary approach to spatiality of creativity. Berlin: Springer.

MEYER S, 2005. Introduction: Whitehead now[J]. Configuration, 1(13): 1-33.

Mumford M D, 2003. Where have we been, where are we going? Taking stock in creativity research[J].Creativity Research Journal, 15(2-3): 107-120.

GÖTZ I L, 1981. On defining creativity [J]. The Journal of Aesthetics and Art Criticism, 39(3): 297-301.

OECD, 2018. Oslo Manual, 2018: Guidelines for collecting, reporting and using data on innovation (4th ed.)[Z].

OECD, 2018. The future of education and skills: Education 2030 [M]. Paris: OECD Publishing.

RANK J, PACE V L, FRESE M, 2004. Three avenues for future research on creativity, innovation, and initiative [J]. Applied Psychology: An International Review, 53(4): 518-528.

RUNCO M A, ALBERT R S, 2010. Creativity research[M]// In James C Kaufman, Robert J Sternberg. The Cambridge Handbook of Creativity. Cambridge:Cambridge University Press.

RUNCO, 2023. Creativity (3rd ed.) [M]. Salt Lake City UT: Academic Press, 1-36.

STERNBERG R J, 1996. Successful intelligence[M]. New York: Simon & Schuster.

STERNBERG R J, LUBART T I, 1999. Theconcept of creativity: Prospects and paradigms [M]// In Sternberg R J. Handbook of Creativity. Cambridge: Cambridge University Press.

STERNBERG R J, 2011. Creativity. Cognitive Psychology (6 ed.) [M]. Boston: Cengage Learning, 479.

TRILLING B, FADEL C, 2009. 21st century skills: Learning for life in our times[M]. San Francisco, CA: Jossey-Bass.

WLADYSLAW T, 1980. A history of six ideas: An essay in aesthetics[M]. Leiden: Martinus Nijhoff.

附　录　创新素养视角下初中物理项目化学习的教学设计案例

<table>
<tr><td colspan="2">项目名称:可持续能源设计与实践</td><td>项目时长:2 周(10 学时)</td></tr>
<tr><td colspan="3">项目简述:在本项目中,学生将以创新素养视角为导向,探索可持续能源的设计与实践。学生将了解和研究不同类型的可持续能源技术,包括太阳能、风能和水能等,并围绕环保和节能的理念,设计和制作一个小型可持续能源设备。通过这个项目,学生的创新思维、动手能力和团队合作精神将得到发展</td></tr>
<tr><td>核心知识</td><td colspan="2">1.可持续能源:太阳能、风能、水能等。
2.电路基础:电流、电压、电阻。
3.基本工具的使用:电池、导线、电动机等。
4.环保与节能理念</td></tr>
<tr><td>驱动性问题</td><td colspan="2">1.本质问题
什么是可持续能源?为什么可持续能源对未来的能源发展至关重要?
如何利用太阳能、风能或水能等可持续能源来满足人们的日常需求?
2.驱动性问题
能否设计一个简单而有效的设备,利用可持续能源产生电力,帮助人们解决一些现实生活中的问题</td></tr>
</table>

续表

项目名称：可持续能源设计与实践		项目时长：2周(10学时)
项目成果	学生通过合作设计并制作一个小型可持续能源设备原型，例如太阳能驱动的小灯、风能发电装置或水能动力车，以展示他们对可持续能源应用的理解和创新思维	
高阶认知	主要的高阶认知策略： 问题解决□　决策□　创见□　系统分析□　实验探究□　调研□	
项目过程	第一阶段： 1.引入项目背景：介绍可持续能源的概念和重要性，讨论当前能源使用所面临的挑战。 2.学生团队组建：学生分组，每个小组3～4名学生，鼓励形成不同能力、不同兴趣领域的组合。 3.项目研究：学生开始研究不同类型的可持续能源技术，包括太阳能、风能和水能等，收集相关资料并准备分享给其他小组。 第二阶段： 1.确定项目目标：每个小组选择一种可持续能源技术，并确定他们想要设计和制作的设备原型。 2.设计与计划：学生开始合作设计他们的设备，绘制初步设计图纸，并列出所需材料和工具清单。 3.教师指导和辅助：教师在此阶段提供必要的指导，帮助学生理解他们设计的可行性，并鼓励学生克服可能遇到的问题。 第三阶段： 1.制作原型：学生根据他们的设计图纸和计划开始制作设备原型。教师在此过程中提供必要的技术支持和安全指导。 2.测试与改进：学生测试他们的原型，发现可能存在的问题，并尝试改进设计，以提高设备的效率和性能。 第四阶段： 1.项目展示：每个小组向全班展示他们设计和制作的可持续能源设备原型，包括设备的工作原理和实际效果。 2.评价和反思：学生互评其他小组的项目，并对自己团队的合作过程进行反思，总结项目中的收获和经验。 3.展示与分享：鼓励学生将他们的项目展示给其他班级、学校或社区，以增强他们的自信心和沟通能力	

续表

<table>
<tr><td colspan="4">项目名称：可持续能源设计与实践</td><td colspan="2">项目时长：2 周(10 学时)</td></tr>
<tr><td>所需资源</td><td colspan="5">1.教学资料：有关可持续能源的教科书或参考资料，可以帮助学生了解太阳能、风能、水能等可持续能源的原理和应用。相关的物理学教科书，可以帮助学生理解电流、电压、电阻等电路基础知识。
2.实验设备：小型太阳能板，作为学生设计太阳能驱动设备的能源来源；风力发电装置，作为学生设计风能发电设备的能源来源；水力动力装置，作为学生设计水能发电设备的能源来源；电池，用于储存可持续能源产生的电力，供设备使用；导线，用于连接电池和电动机等电路元件；电动机，用于将可持续能源转化为机械能，驱动设备运行。
3.工具和材料：绘图工具，例如铅笔、直尺等，用于绘制设备的初步设计图纸；制作工具，例如剪刀、胶水、胶带等，用于制作设备原型；可回收材料，例如废纸板、塑料瓶等，用于制作设备外壳和支架。
4.测试仪器：例如电压表、电流表等，用于测试设备的性能和效果</td></tr>
<tr><td rowspan="3">成果评价</td><td>评价目标</td><td>优秀</td><td>良好</td><td>合格</td><td>不合格</td></tr>
<tr><td>设备性能和效率</td><td>设备稳定可靠，能效优秀，能够持续输出可持续能源</td><td>设备性能良好，能效较高，能够较稳定地输出可持续能源</td><td>设备基本稳定，能效一般，能够输出一定的可持续能源</td><td>设备性能不理想，能效较低，无法持续输出可持续能源</td></tr>
<tr><td>创新思维与设计</td><td>提出了创新思路和独特设计，有优化改进措施</td><td>提出了一些创新思路和设计，有一些优化改进措施</td><td>设计一般，缺乏创新思维，没有明显的优化改进措施</td><td>设计简单，没有体现创新思维和改进</td></tr>
</table>

续表

项目名称:可持续能源设计与实践				项目时长:2周(10学时)	
	评价目标	优秀	良好	合格	不合格
成果评价	团队合作与沟通	团队高效协作,互相配合默契,有效沟通合作	团队合作较好,有互相协助,能够进行基本沟通合作	团队合作一般,缺乏有效协作,沟通不畅	团队合作非常差,无法有效协作,沟通出现问题
	项目报告和文档	报告完整,组织结构良好,图表清晰准确	报告内容较完整,组织结构一般,图表较清晰准确	报告较简略,组织结构较混乱,图表不够清晰准确	报告非常简略,组织结构混乱,图表错误或缺失
	成果分享与反馈	积极主动与其他小组分享,反馈正面	主动与其他小组分享,接受反馈并改进	较少分享或反馈,接受反馈但未能有效改进	未分享或反馈,对反馈不予理会